우리 역사를 그린 9가지
지도이야기

* 이 책에 실린 지도는 실제 지도를 참고하여 작가가 새로 그린 것입니다.

재미있는 이야기 살아있는 역사 ❾

우리 역사를 그린 9가지 지도 이야기

초판 1쇄 발행일_2010년 1월 14일 | 초판 4쇄 발행일_2012년 3월 20일
글쓴이_정재은 | 그린이_장수금 | 감수_장상훈
펴낸이_박진숙 | 펴낸곳_작가정신 | 등록_1987년 11월 14일 (제1-537호)
주소_413-756 경기도 파주시 문발동 파주출판도시 509-2 2층
전화_(02)335-2854 | 팩스_(031)944-2858
전자우편_kids@jakka.co.kr | 홈페이지_www.kidsjakka.co.kr

글 ⓒ 정재은, 2010 | 그림 ⓒ 작가정신, 2010

ISBN 978-89-7288-950-2 73900

이 책은 저작권법에 따라 보호받는 저작물이므로, 무단 전재와 무단 복제를 금합니다.
이 책의 내용의 전부 또는 일부를 이용하려면 반드시 저작권자와 도서출판 작가정신의
서면 동의를 받아야 합니다.

* 책값은 뒤표지에 있습니다.
* 잘못된 책은 바꾸어 드립니다.
* 어린이작가정신은 도서출판 작가정신의 어린이 도서 브랜드입니다.

우리 역사를 그린 9가지 지도이야기

정재은 글 | 장수금 그림 | 장상훈 감수

글쓴이의 말

옛 지도 속으로 떠나는 시간 여행

정재은

어느 날, 박물관에서 본 우리나라 옛 지도는 한 폭의 아름다운 그림 같았어요.

처음에는 그저 '예쁘다, 집에 걸어 놓으면 멋있겠다.'라는 생각뿐이었지요. 그런데 옛 지도에 얽힌 이야기들을 하나하나 알아 갈수록 지도는 그 자체가 역사이고, 옛사람들의 치열한 삶이고, 현명한 생각이며 구수한 옛이야기라는 생각이 들었답니다.

우리나라는 옛날부터 지도와 지리지가 무척 발달한 나라였어요. 옛날 기록에 의하면 삼국 시대에도 지도를 만들었고, 고려 시대의 지도는 정확하면서 아름답기로 이름이 높았다고 합니다. 조선 시대 이전의 자료가 거의 남아 있지 않아 옛날 지도의 모습을 직접 눈으로 확인할 수 없는 것이 아쉽다 못해 원통할 지경이에요.

남아 있는 조선의 지도를 아끼며 원통함을 삭혀 봐야지요. 「대동여지도」를 보면서 자랑스럽게 '하하하' 웃으면서요. 「대동여지도」는 아주 과학적이면서도 정확하고 멋스러운 지도입니다. 김정호가 평생을 바쳐 만든 지도니까요.

그런데 우리는 자랑스러운 문화유산 「대동여지도」에 관해서 얼마나 알고 있나요?

「대동여지도」가 얼마나 큰지 알고 있나요? 「대동여지도」 이외에는 어떤 옛 지도들이 있을까요? 과학이 발달하지 않았던 그 시대에 어떻게 거리 측정을 했을까요? 정말로 짚신이 닳도록 전국을 누비고 다녔을까요? 옛날 사람들도 길을 떠나기 전에 지도를 먼저 챙겼을까요?

「대동여지도」에서 시작된 옛 지도에 대한 궁금증이 꼬리에 꼬리를 물고 이어지네요. 그러다 보면 마지막에는 지도가 그려진 시대의 사람들이 어떻게 살았는지, 그 역사가 궁금해집니다.

궁금증을 풀기 위해 옛 지도에 나타난 길을 따라 꼬불꼬불 시간 여행을 떠나 보는 것은 어떨까요?

감수의 말

우리 땅의 자화상, 지도

장상훈(국립중앙박물관 학예연구관)

　지도는 자기 자신을 그린 자화상과도 같은 것입니다. 사람들은 자신들이 뿌리내려 살아온 고장의 산줄기와 물줄기, 손수 일구어 만든 마을과 고을을 그들 나름의 시선으로 지도 속에 표현합니다. 나아가 나라 바깥의 이웃 나라와 주변 세계에 대한 나름의 생각을 지도 속에 담습니다. 그리고 이렇게 만들어진 지도를 통해 다시 자신들이 사는 세상을 이해합니다.

　오늘날 우리는 옛사람들이 만든 지도를 통해 당시 사람들의 삶과 생각을 만날 수 있습니다. 지도는 단순히 땅을 그린 그림이 아니라 시대의 생각과 고민을 담은 이야기 상자인 셈입니다. 우리 민족은 이미 삼국 시대에 지도를 만들어 사용했고, 고려 시대와 조선 시대를 거쳐 자랑스러운 지도 제작의 전통을 이어 왔습니다. 오늘날에도 상당한 양의 지도 문화유산이 남아 있는 것은 바로 이런 까닭입니다.

이번에 출간되는 『우리 역사를 그린 9가지 지도 이야기』는 우리나라의 대표적인 옛 지도를 골라 그 속에 담긴 흥미롭고 유익한 역사 이야기를 알기 쉽게 독자들에게 전해 줍니다. 현존하는 우리나라 지도 중 가장 오래된 「혼일강리역대국도지도」부터 우리나라 옛 지도 중 최고의 지도로 손꼽히는 「대동여지도」까지 모두 9가지 지도에 얽힌 재미있는 역사 이야기가 펼쳐집니다.

　이전에도 우리 옛 지도를 다룬 책이 없지 않았지만 이번처럼 다양한 지도를 생생한 역사 기록과 함께 엮은 일은 없었다고 생각합니다. '자세히 살펴보기' 코너를 두어 상세한 자료를 제공한 것도 돋보이는 일입니다. 이와 같이 참신한 기획으로 만들어진 이 책과의 만남을 통해, 한편으로는 조선 왕조를 연 유학자들의 호방한 세계관을 살피고, 또 한편으로는 우리나라의 지도 제작 전통을 집대성하여 「대동여지도」를 완성해 낸 김정호 선생의 집념과 노력을 직접 확인하기를 바랍니다.

차례

글쓴이의 말 | 4
감수의 말 | 6

1 우리나라 최초의 세계 지도 혼일강리역대국도지도 | 10

2 조선 전기 지도 중 가장 정확한 조선방역지도 | 22

3 조선에만 있는 독특한 세계 지도 원형천하도 | 38

4 군사 지도의 백미 요계관방지도 | 50

5 안용복이 지킨 우리 섬 울릉도 지도 | 70

6 과학적인 백리척 지도 **동국대지도** | 84

7 우리나라 지도의 최고봉 **대동여지도** | 98

8 백두대간 지도 **산경표** | 118

9 흥선 대원군이 만든 **459장의 지방 지도** | 132

1

우리나라 최초의 세계 지도
혼일강리역대국도지도

6백여 년 전 조선, 세계 지도를 만들다

1992년 미국에서 '콜럼버스 신대륙 발견 5백 주년 기념 지도 전시회'가 열렸습니다. 세계의 내로라하는 지도들을 다 모은 이 자리에 우리나라의 옛 지도도 초대되었습니다. 6백여 년 전 조선에서 만든 세계 지도인 「혼일강리역대국도지도」였습니다.

"세상에! 정말 이 지도가 수백 년 전에 아시아의 작은 나라에서 그려졌단 말이오? 정말 대단하군."

"그러게 말이에요. 6백 년 전이라면 콜럼버스가 아직 탐험을 떠나기도 전인데 말이에요."

「혼일강리역대국도지도」를 실제로 본 세계 지도 학회 사람들은 입이 떡 벌어졌습니다.

6백여 년 전 유럽은 대항해와 대탐험을 떠나기 이전이라 세상이 넓다는 것을 잘 알지 못했습니다. 그런데 아시아의 작은 나라

조선에서 아라비아는 물론 유럽과 아프리카까지 지도에 그렸으니 놀랄만한 일이었습니다.

「혼일강리역대국도지도」에 나타난 조선의 세계관

「혼일강리역대국도지도」는 1402년, 조선 태종 때 의정부*의 관리들과 지도 전문가가 중국에서 구한 세계 지도를 바탕으로 조선과 일본, 만주 지역을 덧붙여 다시 그린 세계 지도입니다.

이 지도의 가장 큰 특징은 유럽과 아프리카 대륙, 아라비아반도까지 빠짐없이 그린 것입니다. 유럽의 지명을 1백여 개, 아프리카의 지명을 35개나 표시했고, 아프리카의 사하라 사막은 '황사'라는 이름으로 나타냈습니다.

물론 지금의 세계 지도와 비교하면 틀린 부분도 많습니다. 인도의 위치와 모양이 잘못 그려져 있고, 지중해는 호수로 나타냈으며 아직 서양 사람들이 발견하지 못한 아메리카 대륙과 오세아니아 대륙은 빠져 있습니다. 또 중국과 조선은 너무 크게, 다른 곳은 작게 그려져 있습니다. 하지만 당시의 기술력을 생각해

---

* 영의정, 좌의정, 우의정이 왕과 의논하여 나라의 정책을 결정하던 조선 시대 최고의 행정 기관.

보면 이런 문제는 트집처럼 느껴집니다.

「혼일강리역대국도지도」의 특징은 중국이 세계의 중심인 것처럼 크게 그려진 것입니다. 옛날 중국 사람들은 세계가 중국과 주변의 오랑캐 나라들로 이루어졌다고 생각했습니다. 이런 생각을 '중화주의 세계관'이라고 합니다. 중화주의 세계관을 가진 사람들은 세계 지도를 그릴 때도 중국과 중국의 영향이 미치는 동아시아의 나라들만 그렸습니다.

하지만 「혼일강리역대국도지도」는 서양의 나라들까지 자세히 그렸습니다. 그러나 중화주의 세계관에서 벗어난 것은 아니었기 때문에 중국을 지도의 한가운데에, 아주 크게 그렸습니다. 그리고 조선 역시 실제보다 크게, 중국에 필적하는 크기로 그렸습니다. 옛날 우리 조상들은 조선이 중국 다음으로 가는 문명국이라는 자부심을 가지고 있었습니다. 그래서 조선의 실제 크기를 알면서도 더 크게 그렸습니다.

「혼일강리역대국도지도」 새롭게 탄생하다

서울대학교 규장각*에 가면 아름다운 「혼일강리역대국도지도」를 볼 수 있습니다.

그런데 규장각의 「혼일강리역대국도지도」는 안타깝게도 원본이 아닙니다. 이 지도의 원본은 현재 남아 있지 않습니다. 15세기 말에 「혼일강리역대국도지도」를 베껴 그린 지도가 일본에 남아 있는데, 규장각 지도는 이 지도를 다시 베껴 그린 것입니다. 비록 베껴 그린 지도지만 규장각에 「혼일강리역대국도지도」가 걸리게 되기까지는 한 지리학자의 피나는 노력이 있었습니다.

1968년, 우리나라 지리학자 이찬 교수는 일본 류코쿠 대학에서 오래된 세계 지도를 보았습니다. 이찬 교수는 단번에 그 지도가 보통 지도가 아니라는 것을 눈치 챘습니다.

"흠, 이건 분명 조선의 지도야. 조선의 세계 지도가 왜 여기서 잠자고 있지? 도대체 그동안 어디 있다 나타난 것이지?"

이찬 교수는 「혼일강리역대국도지도」에 대해 자세히 조사했습니다. 그 결과 일본에는 류코쿠 대학 외에도 세 곳에 「혼일강리역대국도지도」를 베낀 지도가 있다는 사실을 알게 되었습니다.

'임진왜란 때 왜군이 가져간 것일지도 몰라. 그렇다면 이 소중한 지도를 도로 우리나라에 가져가야 해.'

* 조선 시대 왕실 도서관이자 학술 및 정책을 연구한 부서. 현재는 서울대학교에서 규장각에 있던 도서들을 보관하고 있습니다.

하지만 일본에서 순순히 내어 줄 리 없었습니다.

이찬 교수는 고민 끝에 좋은 방법을 생각해 냈습니다. 지도를 직접 가져갈 수 없다면 옛 선조들이 해 왔던 방법대로 똑같이 베끼겠노라고 말입니다.

이찬 교수는 일본에 있는 「혼일강리역대국도지도」 가운데 가장 잘 보존된 류코쿠 대학의 지도를 베끼기로 했습니다. 하지만 류코쿠 대학 측에서는 지도를 베낄 수 있도록 허가하지 않는 것은 물론이고 사진을 찍는 것조차 허락하지 않았습니다.

'이대로 포기할 수는 없어.「혼일강리역대국도지도」는 우리나라 최초의 세계 지도야. 꼭 우리 땅에 있어야 해.'

이찬 교수는 아는 사람을 총동원하여「혼일강리역대국도지도」의 사진을 구하기 시작했습니다. 백방으로 수소문한 끝에 이찬 교수는 마침내 실제와 거의 같은 크기의 지도 사진을 얻는 데 성공했습니다.

"좋았어. 이제 정확하게 베끼는 일만 남았어. 이렇게 세밀한 작업을 누가 잘할 수 있을까? 동양화가? 컴퓨터 그래픽 전문가? 아니야, 초상화. 초상화 전문 화가라면 가능할 거야."

이찬 교수는 당장 초상화가를 찾아갔습니다.

"선생님, 저는 우리 옛 지도를 똑같이 옮겨 그릴 전문가를 찾고 있습니다. 옛 지도를 옮겨 그리는 작업이 초상화를 그리는 것과 가장 비슷하다고 생각해서 선생님을 찾아왔답니다. 하지만 무척 세밀하고 정교한 일이라 쉽지는 않을 것입니다. 시간도 아주 많이 걸릴 것입니다. 해 주실 수 있겠습니까?"

"흠, 이건 정말, 정말 보통 작업이 아니겠네요."

초상화가는 고개를 갸웃거리며 한참 동안 지도 사진을 들여다보았습니다. 이찬 교수는 잔뜩 긴장해서 대답을 기다렸습니다. 마침내 초상화가가 천천히 고개를 끄덕였습니다.

"한번 해 보겠습니다. 아주 의미 있는 작업 같으니까요."

초상화가의 승낙이 떨어지자 이찬 교수는 그의 손을 덥석 잡았습니다. 이렇게 해서 우리나라 최초의 세계 지도「혼일강리역대국도지도」의 재탄생 작업이 시작되었습니다.

먼저 옛 지도를 그릴 때와 똑같은 비단과 물감을 준비했습니다. 초상화가는 지도를 여러 칸으로 나누어 한 칸 한 칸을 정확하게 옮기고 사진과 똑같이 색을 칠했습니다.

지도의 모양이 완성되자 이번에는 서예가 차례였습니다. 서예가는 생전 처음 보는 한자와 뒤섞인 옛 지명들을 한 자씩 꼼꼼히 옮겨 썼습니다. 옛날 한자라 모르는 글자도 많았지만 사전에서 하나하나 찾아 가며 글자 모양까지 똑같이 옮겼습니다. 보통 진땀 나는 작업이 아니었습니다. 화가와 서예가, 이찬 교수의 정성 어린 작업은 약 15년 동안 계속되었습니다.

1983년, 여러 사람들의 피나는 노력과 정성 끝에 드디어「혼일강리역대국도지도」가 새롭게 탄생했습니다.

 자세히 살펴보기

우리 옛 지도의 역사

현재 남아 있는 우리 옛 지도는 모두 조선 시대 이후의 것입니다. 우리나라는 삼국 시대 이전부터 지도를 만들었던 것으로 여겨집니다. 하지만 현재 지도에 대해 남아 있는 기록은 삼국 시대부터입니다. 『구당서』라는 옛 책에 '고구려가 당나라에 사신을 보내며 「봉역도」를 함께 보냈다.' 라는 기록이 있습니다.

실제로 고구려의 옛 지도가 발견되기도 했습니다. 1953년, 평안남도에 있는 고구려 고분 요동성총에서 요동성 시의 벽화 지도가 발견되었습니다. 이 벽화 지도에는 요동성 안팎의 성곽, 성문, 도로, 건물 등이 그려져 있습니다.

백제와 신라의 지도는 현재 남아 있지 않습니다. 『삼국유사』와 『삼국사기』를 통해 지도를 만들었다는 기록만을 볼 수 있습니다. 고려 역시 지도를 만들었다는 기록만 남아 있을 뿐입니다.

우리 옛 지도의 수준은 꽤 높았습니다. 조선 후기의 학자 홍석주가

정조에게 규장각에서 보관하고 있는 지도를 소개하며 쓴 글에서도 그 사실을 알 수 있습니다.

"우리나라의 지리지는 중국에 비해 간략하지만 지도는 그 자세함이 중국을 뛰어넘습니다."

2

조선 전기 지도 중 가장 정확한
조선방역지도

만주와 대마도까지 담은 「조선방역지도」

조선 전기에 만들어진 지도 가운데 최고로 꼽히는 것은 「동국지도」입니다.

「동국지도」는 과거에 만든 세 개의 지도를 합쳐 만든 전국 지도입니다. 세종 때 정척이 만든 「팔도도」와 「양계지도」를 참고하여, 세조 때 지도 전문가 양성지가 하삼도*의 지형을 조사한 결과를 합쳐 약 10년을 걸려 만든 것입니다.

「동국지도」가 현재까지 전해진다면 조선 전기의 모습을 살펴볼 수 있는 좋은 자료가 되었을 것입니다. 하지만 「동국지도」는 어디론가 사라져 버렸고, 이를 토대로 만든 「조선방역지도」만 남아 「동국지도」의 흔적을 보여 주고 있습니다.

조선 명종 때 만들어진 「조선방역지도」는 현재 남아 있는 조선 전기의 지도 가운데 가장 정확합니다. 북쪽의 경계를 정확하게 표현하지 못한 것만 제외하면 복잡한 해안선, 산과 강의 위치 등이 실제와 거의 같습니다.

「조선방역지도」에는 만주와 대마도까지 그려져 있습니다. 중

---

* 충청도, 전라도, 경상도를 가리킵니다.

▲ 조선방역지도, 1557년경, 132×61cm, 국보 248호, 국사편찬위원회 소장

국과의 국경선이 확실하게 나누어지지 않았던 당시에는 고구려의 영토였던 만주 지방이 우리 땅이라는 의식이 남아 있었기 때문입니다. 「동국지도」를 만든 양성지도 같은 생각이었습니다. 양성지는 만주까지 우리 땅이라 생각하여 조선을 '만 리의 나라' 라고 불렀습니다.

대마도에 대한 생각도 비슷했습니다. 조선 사람들은 대마도는 원래 조선 땅이라고 생각했습니다. 조정에서 조선 본토에서 너무 멀다는 이유로 대마도에 사람들을 살지 못하게 하자 왜구가 허락도 받지 않고 대마도를 차지했다고 생각했습니다.

하지만 「조선방역지도」에는 울릉도와 독도가 그려져 있지 않습니다. 지금 사람들이 보기에는 아쉬운 점입니다.

「동국지도」의 영향을 받은 「조선방역지도」는 이렇게 조선 전기의 영토 의식을 잘 드러내고 있습니다.

일본에서 돌아온 「조선방역지도」

우리의 소중한 문화유산인 「조선방역지도」는 하마터면 영영 일본에 있을 뻔했습니다. 1930년대까지 대마도의 종가 문서들 가운데 끼어 있었기 때문입니다.

일제 강점기 때, 일본은 '조선사편수회'라는 단체를 만들어 일본에 있는 조선의 역사 자료를 모으기 시작했습니다. 당시 일본에는 임진왜란 때 훔쳐 간 조선의 책과 지도들, 일본 사람들이 조선에서 사들이거나 빼앗은 역사 자료들이 많이 있었습니다. 조선사편수회는 이 자료들을 토대로 우리 역사를 왜곡하여 식민 사관*을 심으려 애썼습니다.

대마도에서 「조선방역지도」를 발견한 조선사편수회는 일단 다른 자료들과 함께 지도를 조선으로 가져와 보관했습니다. 이때 조선으로 돌아온 「조선방역지도」는 현재 국사편찬위원회에 보관되어 있습니다.

조선 인조 때 일입니다. 대마도주가 조선에 외교 문서를 한 장 보냈습니다.

"저희는 조선의 책 몇 권을 원합니다. 『사서장도』, 『양성재집』, 『동파집』, 『전등신화』를 보내 주셨으면 좋겠습니다. 조선 지도도 한 장 같이 보내 주십시오."

* 일제 시대, 일본이 한국 침략과 식민 통치를 합리화하기 위해 만들어낸 역사관.

그러나 조선 조정에서는 『동파집』과 『전등신화』만 보내고 지도는 보내지 않았습니다. 지도는 다른 나라에 함부로 보내는 물건이 아니었고, 특히 일본은 임진왜란을 일으켜 조선을 침략한 나라였기 때문입니다.

지도를 받지 못하자 대마도주는 크게 실망했습니다. 대마도주는 조선에 사신을 보내 귀한 선물을 전달하며 다시 한 번 지도를 달라고 부탁했습니다.

"전하, 지난번에 저희 도주께서 지도를 요청했으나 보내지 않으셨기에 직접 찾아왔습니다."

"지도는 내어 줄 수 없다. 너희 도주에게 그렇게 일러라."

인조는 허락하지 않았습니다. 신하들의 생각도 마찬가지였습니다.

"도대체 왜 우리 지도를 원한단 말이오?"

"임진년 때처럼 또 전쟁을 일으키려는 것 아니요? 절대 줄 수 없소."

임진왜란 때 일본은 꽤 자세한 조선 지도를 가지고 있었습니다. 전쟁을 일으키기 몇 년 전부터 조선에 사람을 보내 지형을 그리기도 하고, 조선 사람들에게서 지도를 몰래 빼내기도 했던 것입니다. 이런 사실을 기억하고 있는 조선에서 일본에 지도를 보내 줄 리 없었습니다.

하지만 대마도주는 포기하지 않았습니다. 매년 사신을 보내고 선물을 보내며 지도를 요청했습니다. 대마도주의 청이 몇 년 동안 계속되자 인조의 생각이 조금 바뀌었습니다.

"대마도주가 저리 원하는데 지도를 보내 주는 것이 어떠하겠는가?"

신하들의 의견은 둘로 갈렸습니다.

"절대 안 됩니다. 또 전쟁을 일으키면 어떻게 합니까?"

"대마도주의 청을 지나치게 거절하는 것도 외교적으로 보기 좋은 일은 아니니 저들에게 주어도 별 무리가 없는 지도를 골라 보내면 어떻겠습니까?"

인조가 고개를 끄덕였습니다.

"대마도주에게 주어도 문제가 없을 만한 지도가 있는가?"

"네. 크게 문제 되지 않을 만한 지도가 있습니다."

마침내 인조는 대마도주에게 지도 한 부를 보내 주었습니다. 지도를 받은 대마도주는 뛸 듯이 기뻐하며 감사의 뜻을 전했습니다.

이때 보낸 지도가 「조선방역지도」와 유사한 지도였을 것으로 추측됩니다.

외교 문제를 일으킨 지도

일본이 우리나라 지도를 얻으려 애쓴 것처럼 우리나라도 중국 지도를 얻기 위해 애를 썼습니다. 중국으로 간 사신들은 새로운 지도나 지리지를 발견하면 어떻게든 손에 넣어 조선으로 가져오려고 했습니다. 중국 쪽에 들키면 큰 벌을 받았지만 조선의 사신들은 중국 지도를 몰래 조선으로 가져오기 위해 끊임없이 노력했습니다.

조선 숙종 때는 지도 문제로 청나라와 외교 분쟁이 생기기도 했습니다.

청나라에 사신으로 간 오정위 일행은 중국 지도 「천하도」를 샀습니다. 당시 조선의 사신들은 새 지도를 발견할 때마다 사서 홍문관*에 보내는 것이 관례였습니다. 물론 중국 관리들 몰래 지도를 조선으로 가져오는 데 성공한다면 말입니다.

"혹시라도 들키면 어쩌지요?"

지도를 옷 속에 숨긴 신행건이 물었습니다.

"한 번 위험을 감수해 보세나. 들키지 않는다면 아주 큰일을 하게 되는 것 아닌가. 게다가 우리가 명색이 조선의 사신인데 옷 속까지 뒤지겠는가?"

오정위 일행은 조선을 향해 부지런히 길을 재촉했습니다. 그런데 봉황성에 이르렀을 때, 갑자기 청나라 군사들이 일행을 에워쌌습니다.

"짐을 다 풀어 보시오. 국경을 넘어가기 전에 검문을 하겠소."

"우리는 조선의 사신이오. 예를 갖춰 주시오."

* 조선 시대에 공문서를 관리하고 임금에게 조언하는 일을 맡아 보던 기관.

오정위가 일부러 엄하게 꾸짖었습니다. 하지만 군사들은 사신들의 짐을 하나씩 뒤지기 시작했습니다. 가마 안을 뒤지고, 옷꾸러미를 뒤지고, 바구니에 담은 음식과 조선으로 가져가는 선물까지 모조리 열어 보았습니다. 다행히 「천하도」는 발각되지 않았습니다.

"이제 그만 가도 되겠소?"

"아니 되오. 옷을 벗고 갓도 벗어 보시오."

청나라 군사들이 요구에 사신들은 얼굴을 찌푸렸습니다. 아무리 검문이지만 갓까지 벗게 하는 것은 무례하다고 생각했기 때문입니다.

"너무 심하지 않소. 우리는 청나라 황제를 뵙고 오는 사신이란 말이오."

하지만 청나라 군사들은 사신들의 항의에도 아랑곳하지 않았습니다. 하는 수 없이 우리 사신들은 갓과 도포를 벗었습니다.

그때 신행건의 도포 자락에서 「천하도」가 툭 떨어졌습니다.

"아니, 이건 중국 지도가 아니오! 중국 지도를 다른 나라로 가져가면 안 된다는 것을 모르시오? 우리 청나라는 이 문제를 결코 그냥 넘기지 않을 생각이오."

청나라 군사들은 「천하도」를 빼앗고 이 일을 크게 문제 삼으려 했습니다. 자칫하면 심각한 외교 문제가 일어날 수도 있었습니다. 조선에서는 서둘러 권대재를 사신으로 보냈습니다.

"황제 폐하, 「천하도」를 산 것은 신행건이 혼자 한 일입니다. 조선 왕실에서 중국의 지도를 사 오라는 명령을 내린 적은 결코 없습니다."

"어쨌든 신행건은 조선 관리가 아닌가?"

청나라 황제는 몹시 노여워했습니다. 권대재는 청나라 황제를 달래기 위해 더욱 간절히 말했습니다.

"황제 폐하. 조선의 조정에서 이 일에 책임을 물어 신행건을 변방으로 내쫓고, 오정위를 관직에서 내쫓을 것입니다. 부디 한 개인이 일으킨 일로 두 나라 사이에 문제가 생기지 않도록 하여 주시옵소서."

청나라 황제가 권대재의 간청을 받아들여 조선과 청나라 사이에 다툼이 생기지는 않았습니다. 하지만 지도를 둘러싼 두 나라의 탐색전은 그 후에도 계속되었습니다.

 자세히 살펴보기

가장 오래된 목판 인쇄 지도 「동람도」

「동람도」는 우리나라의 목판 인쇄 지도 가운데 가장 오래된 지도로 『신증동국여지승람』이라는 지리지에 포함된 지도입니다. 『신증동국여지승람』은 조선 중종 때 『동국여지승람』이라는 지리지를 수정, 보완하여 만든 지리지입니다.

『동국여지승람』은 성종 때 편찬된 지리지인데, 세종 때 펴낸 『팔도지리지』를 바탕으로 만들었습니다. 하지만 『동국여지승람』은 현재 일부만이 남아 있습니다.

『신증동국여지승람』은 무려 55권 25책*에 달하는 엄청난 규모의 지리지로, 조선 전기의 모습이 생생하게 나타나 있습니다. 전국 각 지역의 토지, 성씨, 인물, 풍속, 사찰뿐 아니라 역사와 특산물에 대한 정보, 정자와 다리의 위치, 한성에 소방서가 있었다는 내용까지 꼼꼼하

* 옛 서적이나 여러 장의 종이를 하나로 묶은 것을 세는 단위.

게 기록되어 있답니다.

「동람도」는 『신증동국여지승람』의 첫 번째 책에 실린 전국지도 「팔도총도」 1매와 각 도에 대한 지리지에 실린 「도별도」 8매를 더한, 모두 9매의 지도를 통틀어 이르는 이름입니다.

그런데 「동람도」 가운데 「팔도총도」는 실제 한반도의 모습과 많이 다릅니다. 남북의 길이에 비해 동서의 폭이 지나치게 넓게 그려졌습니다.

실제로 당시 사람들이 한반도를 동서의 폭이 넓은 뚱뚱한 땅으로 생각한 것은 아니었습니다. 목판 인쇄 지도를 만들다 보니 정확함을 따지기보다는 목판의 크기와 모양에 지도의 모양을 맞춘 것입니다.

3

조선에만 있는 독특한 세계 지도
원형천하도

하늘은 둥글고 땅은 네모지다

우리는 지구가 둥글며 태양 주위를 공전하고 있다는 것, 세계가 여러 대륙과 바다로 이루어졌다는 것을 알고 있습니다. 지도를 그릴 때 지리와 천문에 대한 전문 지식이 필요하다는 것도 알고 있습니다. 하지만 옛날 사람들은 천문과 지리에 대해 지금처럼 잘 알지 못했습니다.

중국과 조선 등 동양의 옛 나라들은 하늘은 둥글고, 땅은 네모지고 평평하다고 생각했습니다. 그리고 하늘과 땅 사이는 8만 리 떨어져 있으며, 태양은 하늘의 한가운데에 있는 하늘의 북극 주위를 돈다고 믿었습니다. 그리고 하지*에는 태양이 북극에 가깝게 원을 그리며 돌고, 동지**에는 멀리 원을 그리며 돈다고 생각했습니다.

네모진 땅 한가운데에는 중국이, 그 옆에는 조선 등 중국의 힘이 미치는 여러 나라들이 있다고 생각했습니다. 중국 너머에 있는 나라들은 지도에 올리지 않았습니다. 먼 곳에 있는 나라들과는 관련될 일이 없었고, 그렇기에 그들에 대한 관심도 없었기 때

* 24절기 중 하나로 1년 중 낮이 가장 긴 날. 양력 6월 21일 경.
** 1년 중 밤이 가장 길고 낮이 가장 짧은 날. 양력 12월 22~23일 경.

문입니다. 16세기 중반 조선에서 만든 세계 지도인 「혼일역대국도강리지도」에 유럽 등이 빠진 것도 이런 이유 때문입니다.

그런데 중국에 마테오 리치라는 서양인 선교사가 온 뒤 변화가 생겼습니다.

「곤여만국전도」가 가져다 준 충격

이탈리아에서 온 마테오 리치는 중국 본토에 들어가기 전에 먼저 마카오에 머무르기로 했습니다.

"선교를 하려면 먼저 중국 사람을 이해해야 해. 그러니까 한문과 중국 전통 문화를 공부해야지."

마테오 리치는 부푼 꿈을 안고 열심히 공부했습니다. 몇 년 동안 중국에 대해 공부를 하고, 중국 관리들을 만나 얼굴을 익힌 뒤, 마침내 허가를 받고 베이징에서 선교를 시작했습니다.

그런데 마테오 리치는 중국 사람들에게 종교 외에 최신 과학도 알려 주고 싶었습니다.

마테오 리치는 서양의 과학책들을 직접 한자로 번역하여 중국 지식인들에게 나누어 주었습니다. 새로운 지식을 놀라워하며 받아들이는 사람도 있었습니다. 하지만 많은 사람들이 쉽게 받아들이지 못했습니다.

특히 1602년, 마테오 리치가 「곤여만국전도」라는 세계 지도를 만들어 보여 주자 중국인들은 정말 큰 충격을 받았습니다.

「곤여만국전도」는 서양 지도를 처음으로 한자로 번역해 만든

세계 지도입니다. 둥근 지구에 유럽, 아프리카, 아메리카, 아시아 대륙을 모두 그리고, 아직 잘 모르는 남쪽의 오세아니아 대륙은 상상의 나라로 그려 넣었습니다.

"아니, 세상에 이렇게 나라가 많단 말이오? 우리 중국이 이 많은 나라 중 하나에 불과하다는 거요?"

"중국을 왜 이렇게 조그맣게 그렸소? 중국은 세계 제일의 나라란 말이오."

"그런데 지도를 왜 둥글게 그렸소? 땅이 네모나지, 어떻게 둥그렇단 말이오?"

마테오 리치는 흥분한 중국 사람들에게 하나하나 설명을 했습니다.

"지구에는 여러 개의 대륙과 큰 바다가 있습니다. 각 대륙에는 많은 나라들이 있는데 중국도 그 나라들 중 하나랍니다."

설명을 하며 마테오 리치는 중국인들의 눈치를 봤습니다. 자부심으로 똘똘 뭉친 중국인들이 화를 내고 달려들기라도 할까 봐 염려되어서였습니다. 하지만 중국인들은 충격이 너무 커서 화를 낼 생각도 못했습니다.

"지도를 둥글게 그린 것은 땅이 둥글기 때문입니다."

마테오 리치가 덧붙인 이 말은 중국인들이 수천 년 동안 믿었던 상식을 뒤집는 것이었습니다.

"그게 무슨 소리요? 땅이 둥글면 우리는 벌써 아래로 미끄러졌을 것 아니오?"

마테오 리치는 달걀을 하나 들고 나와 설명했습니다.

"하늘을 달걀 껍데기라고 생각하고 땅을 달걀 노른자라고 생각해 보세요. 간단하게 이해할 수 있을 거예요. 또 이 지도를 자세히 보세요. 위선*와 경선**이 표시되어 있습니다. 땅이 둥글기 때문에 천문상의 수치와 대응해야 정확한 거리와 위치를 알 수 있고, 그래서 지도에 위선과 경선을 표시한 것입니다."

설명을 듣던 몇몇 사람들은 "말도 안 돼."라고 소리치며 아예 머리를 감싸 쥐었어요. 마테오 리치의 설명은 중국 사람들의 천문관을 완전히 뒤집는 것이었습니다.

---

* 같은 위도를 가진 지점을 동서로 이은 가상의 원.
** 북극점과 남극점을 최단 거리로 연결하는 지구 표면 위에 그리는 세로선.

독특한 세계 지도 「원형천하도」의 등장

조선 사람들은 1603년에 처음으로 「곤여만국전도」를 보았습니다. 중국에 사신으로 간 이광정이 홍문관으로 보낸 것입니다. 조선에서도 「곤여만국전도」를 놓고 말이 많았습니다.

조선의 실학자들은 비교적 서양 지도를 쉽게 이해했습니다. 조선은 원래부터 천문학이 발달했고, 실학자들의 수준도 높았기 때문입니다. 이수광은 『지봉유설』이라는 백과사전에서 지구가 둥글다는 사실을 밝혔고, 최석정은 독일인 선교사인 아담 샬의 천문도와 「곤여만국전도」를 병풍으로 만들 만큼 세계 지도를 잘 이해했습니다. 최한기는 김정호와 함께 두 개의 원에 세계를 그린 「지구전후도」를 만들어 널리 알렸습니다.

하지만 조선의 사대부와 유학자들은 서양의 세계 지도를 받아들일 수 없었습니다. 중국이 세계의 조그만 부분이라는 것도, 중국 밖의 세계가 넓게 존재한다는 것도 믿기 힘들었습니다.

지구가 둥글다는 것은 더더욱 믿기 힘들었습니다. 지구가 둥글다면 중국은 물론 어느 나라도 세상의 중심이 될 수 없습니다. 중국을 문명의 중심으로 보았던 대다수의 유학자들로서는 도저히 받아들일 수 없는 사실이었습니다.

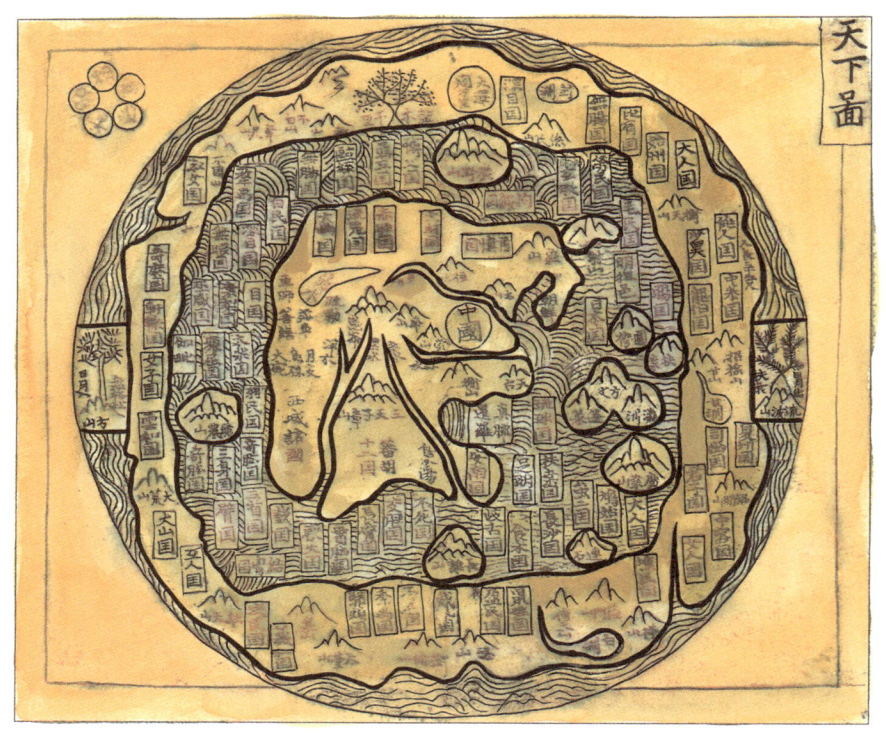

▲ 원형천하도, 17세기, 31 ×27cm

   이즈음 조선에는 새로운 세계 지도인 「원형천하도」*가 등장했습니다. 서양식 세계 지도나 「혼일강리역대국도지도」와는 아주 다른, 조선 후기 사대부들이 믿었던 동양의 전통적인 세계관이 잘 드러난 지도입니다.

* '원형천하도'라는 표현은 지리학자 이찬 교수가 붙인 이름으로, 조선 시대에는 '천하도'라고 불리웠습니다.

「원형천하도」는 원 안에 세계를 집어넣어 '하늘은 둥글다'는 동양의 전통적인 생각을 표현했습니다. 원 한가운데에 중앙 대륙이 있고, 중앙 대륙을 감싼 안쪽 바다, 안쪽 바다를 감싼 바깥쪽 대륙이 있습니다. 중앙 대륙에는 조선과 중국, 일본, 안남국(지금의 베트남), 섬라국(지금의 타이), 유구국(지금의 일본 오키나와 지역) 등 주변 국가들과 함께 실제로는 없는 상상의 나라들의 이름이 적혀 있습니다. 산과 강의 이름도 실제로 있는 것보다 상상의 것들이 더 많습니다. 이 상상의 나라, 상상의 산과 강 이름은 고대 중국의 지리와 신화를 다룬 『산해경』에서 따온 것입니다.

「원형천하도」는 오직 조선에만 있는 지도입니다. 17세기부터 약 2백 년 동안, 조선 지도책의 앞머리에는 어김없이 실릴 정도로 크게 유행했습니다. 「원형천하도」에는 사실적인 지리 정보는 거의 실려 있지 않습니다. 누가, 언제 만들었는지도 알 수가 없습니다. 하지만 「원형천하도」는 세계의 모양을 나름의 시각으로 바라보려는 조상들의 노력을 엿볼 수 있는 뜻 깊은 지도입니다.

 자세히 살펴보기

서양의 옛 지도에 나타난 우리나라

우리나라가 서양의 지도에 분명하게 나타난 것은 1595년 포르투갈 선교사 테이세이라가 만든 「일본열도」라는 지도부터입니다. 일본에서 활동하던 예수회 선교사가 보낸 정보를 바탕으로 일본을 그린 이 지도에는 우리나라도 나와 있는데, 이름은 '코레아(Corea)'로, 모양은 길쭉한 섬으로 그려져 있습니다.

서양 사람이 그린 지도에 우리나라가 반도로 제대로 표현된 것은 1602년 마테오 리치가 중국에서 그린 「곤여만국전도」부터입니다. 하지만 이 시기에도 서양에서는 여전히 한반도를 섬나라로 알고 있었습니다. 아직 우리나라에 대한 정보가 서양에 잘 알려지지 않았기 때문입니다.

서양 사람이 서양에서 그린 지도 가운데 한반도가 섬이 아닌 반도로 제대로 그려진 것은 1655년경 네덜란드 출신의 블라외와 중국에서 활동하던 예수회 선교사 마르티니가 함께 만든 『세계신지도첩』부터입니다.

　블라외도 1635년 세계 지도를 처음 그릴 때는 한반도를 섬나라로 그렸습니다. 하지만 1655년에 다시 만든 지도에서는 반도의 모양으로 정확하게 표현했으며 압록강과 두만강, 한강까지 나와 있습니다. 마르티니가 정확한 정보를 유럽으로 가져간 덕분입니다.

　서양 옛 지도에서 우리나라는 주로 중국, 일본 등과 함께 그려져 있습니다. 처음으로 우리나라만 따로 그린 지도는 1737년 프랑스인 당빌이 그린 「조선왕국도」입니다. 당빌은 청나라의 지도인 「황여전람도」를 바탕으로 우리나라 전국 지도를 만들었습니다. 나라 이름은 프랑스식 표기로 '코레(Corée)'라고 했습니다. 이 지도에는 울릉도와 독도까지 나와 있습니다. 이후 서양에서 우리나라를 그릴 때는 당빌의 「조선왕국도」를 바탕으로 그렸습니다.

4

군사 지도의 백미
요계관방지도

국경 지방을 지키기 위해 만든 「요계관방지도」

우리나라의 영토가 지금처럼 압록강과 두만강을 경계로 정해진 것은 조선 세종 때의 일입니다. 세종은 김종서, 최윤덕 등에게 북방을 개척하게 해 4군과 6진을 설치하고 백성들을 옮겨 살게 했습니다.

하지만 북방 지역은 지형이 험하고 날씨도 좋지 않아 농사가 잘 되지 않았습니다. 결국 조선의 농민들은 기름진 땅을 찾아 압록강과 두만강 북쪽의 간도로 넘어가 땅을 개간하고 농사를 지었습니다.

당시 간도는 주인 없는 땅이나 다름없었습니다. 이전에는 만주족들이 많이 살았지만, 만주족들이 청나라를 세운 뒤에는 중국 본토로 떠나 버렸기 때문입니다. 그런데도 만주족들은 간도에 만주족 이외의 사람들이 들어가 살지 못하게 했습니다. 간도와 백두산을 만주족의 조상이 처음 생겨난 곳이라 믿어 신성하게 여겼기 때문입니다.

조선 사람들도 마찬가지였습니다. 간도는 고구려의 옛 땅이고, 백두산에서 뻗어 나온 산줄기들이 우리 영토를 이루고 있다고 생각했습니다. 청나라에서 청나라 사람들을 간도에 들어가지 못하게 하는 사이에도 일부 조선 사람들은 인삼 채취 등을 위해 간도에 들어갔습니다. 당연히 청나라와 조선 사이에는 간도를 놓고 분쟁이 자주 벌어졌습니다.

특히 숙종 때 청나라와 다투는 일이 많았습니다. 조선에서는 만주의 지도와 지리 정보를 담은 책 등을 모으려고 노력했습니다. 이 일에 앞장 선 사람이 비변사* 제조였던 이이명입니다.

이이명은 청나라 사신으로 갔을 때 요동과 계주 지방의 국방 정보가 담긴 「요계관방도」와 산동 지방 바닷가의 국방 정보가 담긴 「산동해방지도」를 몰래 구했습니다. 하지만 「산동해방지도」는 조선으로 가져갈 수 없었습니다. 청나라에서 외국으로 가져갈 수 없는 지도라고 못을 박았기 때문입니다.

"꼭 필요한 지도니 몰래 베껴서라도 가져가도록 하자!"

이이명은 미리 데리고 간 화원을 시켜 급히 지도를 베낀 뒤 무사히 조선으로 가져와 숙종에게 바쳤습니다.

"만주의 지도들과 조선 북방의 지도를 합쳐 하나로 다시 그리도록 하라."

---

* 조선 시대에 국방의 일을 맡아보던 관청.

숙종은 열 폭의 비단 병풍에 지도를 다시 그리도록 했습니다.

이렇게 탄생한 것이 조선의 「요계관방지도」입니다.

이이명은 「요계관방지도」를 올리며 숙종에게 말했습니다.

"전하, 이 지도를 보며 효종 임금께서 못 다 이룬 북벌의 큰 뜻을 잊지 마시옵소서. 허나 영토를 넓히는 일보다 백성들을 편하게 살도록 하는 일에 더 치중해야 한다는 것 또한 잊지 마시

옵소서."

"그대의 말이 정녕 옳다!"

숙종은 군사 지역을 꼼꼼히 표현한 데다 색채가 화려하여 아름답기까지 한 「요계관방지도」를 보고 크게 감동하여 늘 곁에 두고 보았습니다.

「요계관방지도」는 북쪽의 국경 지역을 주로 그린 군사 지도입니다. 요동 지방의 중국 성책*과 만리장성, 조선 북쪽 지역이 그려져 있습니다. 성의 망루**에 붉은 깃발을 그려 넣어 군사 지역을 쉽게 알아볼 수 있게 했고, 백두산을 흰색으로 표시해 두어 조선의 신성한 산이라는 점을 강조했습니다.

그런데 「요계관방지도」에는 중국 쪽 군사 시설이 청나라가 아닌 명나라 말기의 것으로 그려져 있습니다. 명나라는 이미 80년 전에 멸망했고, 그 뒤 청나라의 군사 시설은 많이 바뀌었는데 말입니다. 조선은 명나라와는 친하게 지냈지만 청나라에게는 반발심을 느끼고 있었기 때문에, 조선 후기의 지도에는 이처럼 청나라가 아니라 명나라의 지형을 그려 넣은 것이 많습니다.

* 성을 둘러싼 울타리.
** 적이나 주위의 동정을 살피기 위해 높이 지은 다락집.

당시 조선에서는 약 50여 년 전 효종 때 추진했던 북벌이 실패한 이후, 청나라가 언제 침략할지 모른다는 두려움을 갖고 있었습니다. 이이명은 겉으로는 북벌 정책을 잊지 말자고 주장하며 지도를 바쳤지만 실제로 청나라를 치려는 생각은 없었습니다. 단지 국방에 더 관심을 갖자는 뜻으로 「요계관방지도」를 만들었습니다.

백두산은 우리 땅이다

「요계관방지도」를 얻은 이후 조선은 북방의 국경에 대해 더욱 관심을 높였습니다.

청나라는 툭하면 백두산을 조사하겠다며 길을 열라, 협조를 하라며 갖은 요구를 했습니다. 그때마다 조선에서는 강력하게 거절을 했고, 길이 험하여 불가능하다고 핑계를 대거나 다음 해에 하자며 미루는 등 협조하지 않았습니다.

그러던 어느 날 조선 사람이 압록강을 건너가서 청나라 사람을 죽이는 일이 생겼습니다. 청나라에서는 당장 살인 사건을 조사하러 오겠다며 펄펄 뛰었습니다. 그 길에 국경 문제도 확실히 하려는 속셈이었습니다. 이번에도 조선에서는 국경 문제를 슬

쩍 넘어가려 했습니다. 하지만 청나라는 물러서지 않았습니다.

청나라는 황제의 도장이 찍힌 외교 문서를 조선 조정에 보냈습니다.

'청의 사신 목극등이 황제의 명을 받고 봉성에서 장백산*까지 변경을 조사하려 했으나 길이 멀고 험하여 가기 힘들고, 수로를 이용하려 했으나 얼음이 녹지 않아 이 또한 불가능하다. 이에 육로를 통해 토문강을 조사하려 하니 협조를 바란다.'

문서가 도착하자 조선의 조정은 발칵 뒤집어졌습니다.

"이 일을 어쩌면 좋단 말입니까? 황제의 명이니 거절할 수도 없고, 그렇다고 쉽사리 백두산과 국경의 길들을 다 보여 줄 수도 없지 않습니까?"

"당연하지요. 국경 지대를 열어 보이는 것은 대문을 활짝 열어 놓는 것과 같습니다. 하지만 중국의 요구를 어떻게 거절한단 말입니까? 함경도 지방관이 접대하면서 눈치껏 우리 땅을 조금만 보여 주는 수밖에 없습니다."

대신들은 제대로 된 대책을 세우지 못하고 발만 굴렀습니다.

---

* 중국에서 백두산을 부르는 이름.

국경 문제에 밝은 이이명도 걱정되기는 마찬가지였습니다.

"이번 조사를 아주 신중하게 대처해야 합니다."

숙종과 대신들은 이이명의 말에 조용히 귀를 기울였습니다.

"『대명일통지』라는 중국 책을 보면 백두산은 청나라에 속한다

고 쓰여 있습니다. 목극등이 이 책을 내세워 백두산이 자신들의 땅이라고 주장하면 곤란합니다. 그럴 때는 우리가 옛날부터 압록강과 토문강을 경계로 삼고 있으니, 두 강 남쪽은 모두 조선 땅이라고 강하게 주장해야 합니다. 청나라 사신을 맞는 접반사에게 이 점을 아주 강력하게 말해 두어야 할 것입니다."

숙종도 고개를 끄덕였습니다.

다른 중국 책인 『대청일통지』와 『성경지』에는 압록강과 두만강 남쪽은 조선 땅이라고 쓰여 있었습니다. 그런데도 행여 청나라가 무리한 주장을 할까 봐 지레 걱정을 했던 것입니다.

목극등을 맞으러 갈 접반사인 박권과 이선부도 안절부절못하고 물었습니다.

"백두산 남쪽은 지형이 척박하여 아무도 살지 않습니다. 만약 청나라 사신이 아무도 살지 않으니 그곳을 경계로 삼자고 하면 어떻게 합니까?"

"그러게 말입니다. 어쩌면 좋소?"

대신들이 또 술렁이기 시작했습니다. 강력한 군사 대국인 청나라에게 정면으로 맞설 수도 없고, 우리 땅을 마구 내어 줄 수도 없는 노릇이었습니다.

"그냥 내어 줄 수는 없다. 압록강, 두만강이 시작되는 곳이 우리 영토라는 입장에서 물러서지 마라."

숙종이 단호하게 말했습니다. 하지만 접반사는 여전히 걱정이 태산이었습니다.

"그래도 청나라가 우기면 『성경지』를 내보이면 되지 않겠습니까? 『성경지』에는 백두산 남쪽이 조선의 영토로 기록되어 있지 않습니까."

"그러도록 하라."

숙종이 허락했습니다. 그러자 몇몇 대신들이 다시 술렁이기 시작했습니다.

"아니 됩니다. 『성경지』를 어떻게 얻었느냐 물으면 어떻게 합니까?"

"맞습니다. 『성경지』를 몰래 들여왔다고 하면 또 문제가 되지 않겠습니까?"

"그럼 이런저런 방법을 다 써도 목극등이 계속 우기면 그때 보여 줍시다. 마지막 방법으로 써야지 어찌하겠습니까."

대신들은 우왕좌왕하며 걱정에 걱정을 덧붙였고, 국경을 정하는 중대한 일에 서로 눈치만 보며 대처했습니다.

드디어 목극등이 함경도에 도착했습니다. 목극등이 접반사에게 물었습니다.

"청과 조선의 경계를 확실히 알고 있소? 두만강과 압록강, 두 강의 남쪽이 조선 땅이라는 기록이 있소? 백두산에 파수처가 있소?"

"백두산 천지의 서쪽으로 압록강이 흐르고 동쪽으로 두만강이

흐르니 그 아래는 조선 땅이오. 기록에는 없으나 조선이 세워진 이래 쭉 그래 왔기 때문에 기록할 필요조차 없었소. 백두산에는 사람이 살지 않고 잘 다니지도 않는 터라 파수처는 두지 않고 있소."

접반사는 신중하게 대답했습니다. 목극등은 군소리 없이 고개를 끄덕였습니다. 조선에서 걱정한 것과 달리 압록강, 두만강 남

쪽이 조선 땅이라는 것을 이미 알고 왔기 때문입니다.

드디어 백두산으로 출발할 시간이 되었습니다. 목극등은 갑자기 조선의 접반사를 데리고 가지 않겠다고 말했습니다.

"백두산으로 가는 길은 너무 험하오. 당신들처럼 나이 많은 사람들이 따라가기에는 무척 어려운 길이오."

"그래도 우리가 따라가야 하지 않겠습니까? 둘 중 한 사람이라도 가겠습니다."

"됐소. 함께 가다 일을 그르치면 어쩌려고 그러오. 우리끼리 갈 테니 더는 고집 부리지 마시오."

목극등이 딱 잘라 말했습니다. 결국 조선의 접반사는 백두산에 오르지 못했습니다.

목극등은 백두산으로 가며 주위에 대한 정보를 모으고, 함께 온 화공에게 지도를 그리게 했습니다.

"우리 백두산을 그린 지도니 한 장 얻을 수 있겠습니까?"

목극등을 따라간 조선 역관이 물었습니다.

"백두산은 조선 땅이니 그렇게 하시오."

이렇게 하여 조선에서도 목극등이 그린 백두산 지도를 베껴 보관할 수 있게 되었습니다.

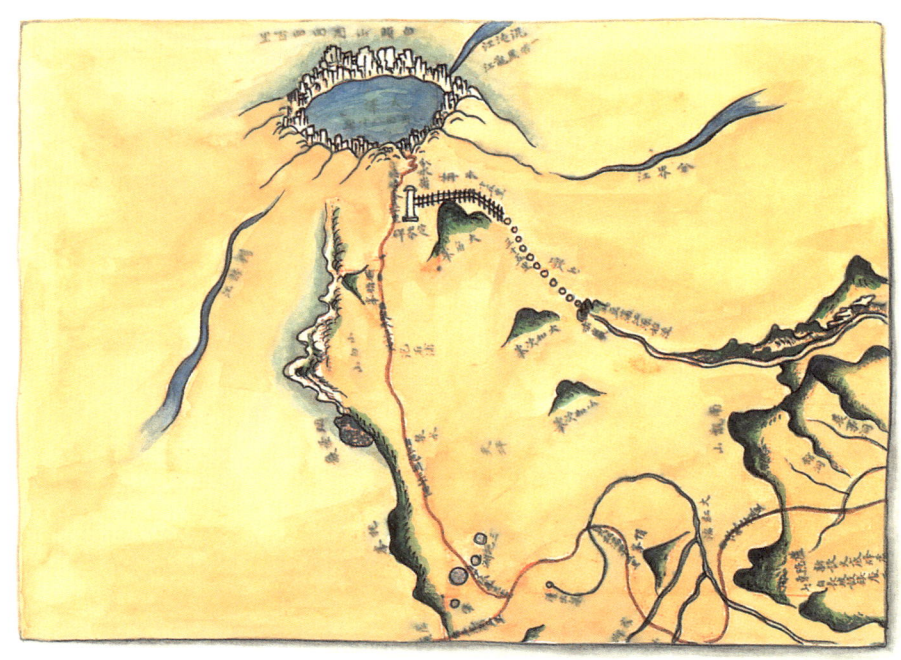

▲ 백두산정계비도, 18세기, 서울대학교 규장각 소장

　목극등 일행은 몇날 며칠을 걸려 백두산 꼭대기에 올랐습니다. 광활한 산을 내려다보며 목극등이 말했습니다.

　"천지에서 시작된 물이 하나는 동쪽으로 하나는 서쪽으로 나뉘어 흘러 두 강이 되었으니, 서쪽은 압록강으로 동쪽은 토문강으로 청과 조선의 경계를 삼자."

　목극등은 백두산 해발 2천 2백 미터가 되는 곳에 두 나라의 국경을 표시하는 '백두산정계비'를 세우고, 「백두산정계비도」라는 지도를 그려 청나라와 조선이 한 부씩 갖도록 했습니다. 이 지도는 규장각에 보관되어 있습니다.

또 다른 영토 분쟁의 시작, 백두산정계비

백두산정계비를 설치한 이후 조선은 북방 개발을 더욱 활발히 했습니다.

그런데 백두산정계비는 청과 조선의 국경 분쟁을 끝내기는커녕 국경 분쟁을 더욱 심하게 만들었습니다. 그 중 가장 문제가 되는 부분이 '토문강' 입니다. 청나라는 토문강을 두만강이라 생각했고, 조선은 만주 송화강에서 갈라져 나온 물줄기라 생각했기 때문입니다. 토문강이 송화강의 물줄기라면 광활한 만주까지 조선 땅입니다. 실제로 정계비 설치 이후에 만들어진 우리나라 지도에는 두만강과 토문강이 각각 다른 강으로 표시되었습니다.

고종 18년(1881년), 청나라에서는 간도를 개척하기 시작했고, 조선에서는 정계비를 조사할 사람을 보냈습니다. 조사 뒤 이중하와 조창식을 보내어 청에 간도가 조선의 영토임을 주장하였으나 청은 토문강이 두만강이라고 주장하여 뚜렷한 해결을 보지 못했습니다.

목극등이 백두산정계비를 세울 때 조선의 접반사가 함께 백두산에 올라가, 천지에서 시작되는 물줄기, 즉 청과 조선을 나누는 강이 두만강이 아니라 토문강이라는 것을 확실히 했다면 청과 조선 사이의 영토 분쟁이 없었을지도 모릅니다. 이때 확실히 하지 못한 문제에 나중에는 일본까지 참견하면서 간도를 중국에 빼앗기는 결과를 낳고 말았습니다.

한편, 백두산정계비에 새겨진 토문강은 당시 두만강의 다른 이름이었고, 이 사실은 당시 조선과 청나라 양측이 모두 알고 있었으며, 다만 19세기에 우리나라 사람들이 간도에 많이 건너가 살기 시작하는 바람에 역사적 사실이 모호해지면서 논쟁이 생겼다는 의견도 있습니다.

 자세히 살펴보기

간도는 어떤 땅일까

청나라에서 간도 출입을 막기 시작한 뒤에도 조선 사람들은 청나라의 관리가 소홀한 틈을 타 몰래 간도에 들어가 살았습니다.

백두산정계비가 세워진 뒤에도 마찬가지였습니다. 특히 19세기 중반에 함경도 지방에 큰 흉년이 들자 많은 사람들이 간도로 넘어갔습니다. 당시 간도에는 거의 10만 명이나 되는 조선 사람들이 살고 있었습니다. 이 사실을 알게 된 청나라는 서둘러 청나라 사람들을 간도로 이주시키고, 간도에 사는 조선 사람들은 청나라 사람으로 귀화하라며 협박했습니다.

조선 사람들이 청나라의 말을 듣지 않자 청나라에서는 백두산정계비를 근거로 조선 사람들을 내쫓으려 했습니다.

"토문강은 두만강이다. 압록강과 두만강 남쪽이 조선 땅이니 당장 조선으로 돌아가라!"

조선의 입장은 매우 달랐습니다.

"토문강은 두만강과 전혀 다른 강이다. 믿지 못하겠다면 다시 답사를 하자."

조선과 청나라의 대표는 함께 토문강을 찾아보았지만 양측의 의견 차이는 좁혀지지 않았습니다. 조선의 이중하는 목숨을 걸고 토문강은 송화강의 물줄기이며, 두만강과는 다른 강이기 때문에 간도는 조선 땅이라고 주장했습니다.

그런데 일본이 을사늑약 이후 청나라와 간도 협약을 맺고, 간도를 청나라에 주고 말았습니다. 만주에 철도를 놓을 권리를 갖기 위해서였습니다.

19세기 이래 많은 우리나라 사람들이 간도로 건너가 삶의 터전을 이루어 왔습니다. 그러나 현재 중국은 간도를 차지하고 있을 뿐 아니라 동북공정*을 통해 간도가 중국 땅이라는 주장을 더욱 강하게 하고 있습니다.

* 중국 국경 안에서 일어난 모든 일들을 중국 역사로 만들기 위해 중국이 추진하고 있는 역사 연구 계획.

5

안용복이 지킨 우리 섬
울릉도 지도

울릉도는 조선 땅이다

동해에서 쾌속선을 타고 2시간을 넘게 달리면 울릉도에 도착합니다. 하지만 태풍이라도 부는 날에는 길이 묶여 울릉도에 들어갈 수도, 울릉도에서 나올 수도 없습니다.

교통 수단이 발달하지 않았던 옛날에는 울릉도에 드나들기가 정말 힘들었습니다. 그런데 조선 시대에는 울릉도 지도를 참 많이 만들었습니다. 한 번 가기도 힘든 곳을 지도로 많이 만든 이유는 무엇일까요?

울릉도는 멀리 떨어진 섬이라 외적의 침략이 잦았습니다. 고려 시대에는 여진족들이 자주 쳐들어와 백성들을 위협했고, 조선 시대에는 왜구가 노략질을 하느라 들락거렸습니다. 울릉도 백성들이 외적들에게 자주 괴롭힘을 당하자 조정에서는 울릉도에 사는 사람들을 모두 본토로 불러들였습니다.

그러나 어민들은 몰래 울릉도를 드나들었고, 그곳에 살기도 했습니다. 울릉도 근처의 바다에서 워낙 고기가 많이 잡혔기 때문입니다. 일본도 울릉도를 호시탐탐 노리다가 조선에서 울릉도를 비우자 자기 땅인 양 들어와 고기잡이를 했습니다.

조선 숙종 때 어부 40여 명이 울릉도로 전복을 따러 갔습니다.

그런데 일본인 어부들이 울릉도 앞바다에 턱 하니 배를 세우고 고기를 잡고 있는 것이었습니다.

"남의 땅에서 뭘 하는 짓인가? 당장 조선 땅에서 떠나라!"

우리 어부 중 한 명인 안용복이 소리를 쳤습니다. 일본 어부들은 일본의 도쿠가와 막부*에서 내준 '울릉도와 독도 근처에서 고기를 잡을 수 있는 면허'를 보여 주었습니다.

"조선 땅에 대한 권리를 도쿠가와 막부에서 내주는 것이 말이 되느냐?"

안용복이 더욱 큰 소리로 따지자 일본 어부들이 우르르 몰려와 안용복과 박어둔을 잡아갔습니다. 결국 두 사람은 도쿠가와 막부로 끌려갔습니다.

안용복은 도쿠가와 막부에서 조사를 받을 때도 조금도 두려워하거나 의견을 굽히지 않았습니다. 본래 대마도에 자주 드나들어 일본어가 능숙했던 안용복은 일본어로 또박또박 주장했습니다.

"울릉도와 우산도(지금의 독도)는 신라 시대부터 우리 땅이었다. 조선 본토에서는 불과 하루면 울릉도에 도착할 수 있지만 일본 땅에서는 닷새나 걸리지 않는가. 울릉도가 우리 땅이라는 증거가 더 필요한가?"

도쿠가와 막부는 안용복의 주장이 옳다는 것을 알았습니다.

* 일본의 도쿠가와 이에야스가 1603년에 에도(지금의 도쿄)에 세운 무신 정권. 에도 막부라고도 합니다.

그래서 울릉도와 독도가 일본 땅이 아니라는 외교 문서를 써 주고 안용복을 풀어 주었습니다.

그런데 대마도주가 조선으로 돌아가는 안용복을 다시 잡아 가두었습니다. 안용복을 이용하여 울릉도와 독도를 손에 넣어 보려고 수를 쓴 것입니다. 대마도주는 전에도 대마도 사람들을 울릉도에서 살게 해달라고 조선에 요청한 적이 있었습니다. 그때 조선에서는 대마도 사람들이 울릉도에 들어와 살면 말썽이 생길 수 있다며 거절했습니다. 대마도주는 안용복이 받은 외교 문서의 내용을 마음대로 고쳤습니다.

'조선의 어민들이 무단으로 우리 영토인 죽도에 들어와 고기잡이를 합니다. 금년에도 40여 명이 고기잡이를 하는 것을 적발하여, 두 사람을 인질로 잡았으나 본국의 배려로 돌려보냅니다. 부디 다시는 죽도를 침범하는 일이 없도록 해 주십시오.'

안용복과 박어둔이 가져온 대마도주의 외교 문서를 받은 조선에서는 처음에는 조선 백성들이 울릉도에 나가는 일이 없도록 하겠다는 답을 보냈습니다. 일본과 다투지 않기 위해서였습니다. 하지만 대마도주가 울릉도를 죽도라 부르며 자기 나라 땅인 양 무리한 요구를 계속하자 입장을 바꾸어, 울릉도를 제대로 관리하여 일본인이 아예 발을 딛지 못하게 하기로 결정했습니다.

조정에서는 울릉도에 백성들이 살 수는 있는지, 주변 환경은 어떤지, 군사들을 보낼 수 있는지 다시 살펴보기로 했습니다. 그래서 강원도 삼척의 관리 장한상을 울릉도에 보냈습니다.

"울릉도에 가서 산천과 도로를 그려 오고, 울릉도의 사정을 자세히 조사하여 보고하도록 하라."

울릉도에서 돌아온 장한상은 한 장의 지도를 바쳤습니다.

그런데 장한상이 그린 지도는 조선 전기에 전국의 지리적 자료를 모아 엮은 『동국여지승람』의 내용과 너무 달랐습니다.

"거 참, 장한상이 울릉도가 아닌 다른 섬에 다녀온 건 아닌지 모르겠네."

이렇게 의심하는 사람이 생길 정도였습니다. 장한상의 지도는 지금까지 전해져 오지 않지만, 틀린 내용이 많았던 것으로 추측됩니다.

안용복의 두 번째 일본행

안용복이 일본에 다녀온 지 3년이 지났을 때였습니다. 어느 봄날, 안용복은 10여 명의 어부들과 함께 다시 울릉도 바다로 고기를 잡으러 갔습니다. 그런데 일본 어선들이 또 울릉도 앞바다에서 고기를 잡고 있었습니다. 안용복은 일본 어부들에게 다가가 큰 소리로 나무랐습니다.

"울릉도는 우리 조선 땅인데 어찌 왜인이 국경을 넘어 들어오느냐? 당장 너희를 묶어 죄를 물을 것이다."

"우리는 본래 송도에 사는데 고기잡이를 나왔다가 어쩌다 여기까지 오게 되었습니다. 곧 돌아갈 겁니다."

일본 어부들은 대충 핑계를 대고 빠져나가려고 했습니다. 하지만 안용복은 그냥 넘어가지 않았습니다.

"그게 무슨 말이냐? 송도는 우산도고, 우산도 역시 우리 땅이다. 감히 왜인들이 우리 땅에 산다고 거짓말을 하느냐?"

안용복이 물러서지 않고 꾸짖자 일본인들은 배를 타고 달아났습니다.

다음날 새벽, 안용복은 우산도, 즉 독도로 가 보았습니다. 과연 어제 본 일본 어부들이 솥을 걸어 놓고 물고기를 끓이고 있었습니다. 안용복은 막대기를 들고 쫓아가 솥을 걷어차며 소리를 쳤습니다.

"감히 우리 땅에서 무슨 짓을 하는 것이냐? 당장 일본으로 물러가지 못할까?"

일본 어부들은 겁에 질려 배를 타고 달아났습니다. 안용복도 배를 타고 쫓았습니다. 일본 어부들을 야단치는 것만으로는 울릉도를 지킬 수 없다고 판단했기 때문입니다.

안용복은 자신을 울릉우산양도감세관이라는 관리라고 속이고 일본 호키주의 태수를 찾아갔습니다. 푸른 비단옷을 입고, 검은 갓을 쓰고, 가죽신을 신고, 가마를 탄 안용복은 정말 조선의 관

리처럼 보였습니다.

"태수님, 울릉도와 독도는 조선의 땅입니다. 헌데 일본인들이 들어와 고기를 잡으니 이는 남의 나라 국경을 넘는 무례한 짓이 아니고 무엇이겠습니까? 다시는 이런 일이 생기지 않도록 일본 백성들을 잘 다스려 주십시오."

"울릉도와 독도는 너희 나라 땅이 맞다. 혹, 일본인이 다시 침범하면 엄하게 벌할 것이다."

안용복은 태수의 약속을 받고 조선으로 돌아왔습니다.

그런데 조선으로 돌아온 안용복에게 뜻밖의 시련이 닥쳤습니다. 울릉도를 지킨 공로로 상을 받아도 마땅한 마당에 죄인으로 체포된 것입니다. 조선의 관리라고 거짓말을 하여 국제적인 문제를 일으켰다는 죄목이었습니다. 우리 땅을 지키기 위해 어쩔 수 없이 한 일이었지만 조정에서는 안용복을 사형시키자는 말까지 나왔습니다.

"안용복이 법을 어긴 것은 사실이지만 울릉도를 지키기 위해 어쩔 수 없는 일이었습니다. 제발 사형만은 말아 주십시오."

당시 영의정이었던 남구만과 몇몇 관리들이 적극적으로 말린 탓에 안용복은 겨우 목숨을 구했지만 멀리 귀양을 떠났답니다.

안용복이 귀양을 간 다음 해, 대마도주는 울릉도가 조선의 땅임이 확실하다는 외교 문서를 보내 왔습니다. 하지만 안용복은 귀양지에서 돌아오지 못하고 세상을 떠났습니다.

수토사들이 목숨을 걸고 그린 울릉도 지도

안용복의 일이 있은 뒤, 조정에서는 울릉도 문제가 일어나지 않도록 하기 위해 정기적으로 사람을 보내 울릉도를 조사했습니다.

숙종 때는 3년에 1번씩 '수토사'라는 관리를 보내 울릉도를 돌아보고 조사했습니다. 맨 처음 수토사로 간 전회일이 울릉도를 살펴보고 지도와 특산물 정보를 올렸고, 3년 뒤에는 이준명이 이틀 밤낮을 조사하여 울릉도 지도를 올렸습니다.

정조 때 수토사로 간 한창국은 울릉도 주변의 지도를 자세히 그려 비변사에 보냈습니다. 울릉도 주변에는 북쪽에 방패도, 중간에 죽도, 동쪽에 옹도 3개의 섬이 있으며, 각 섬의 거리는 무척 가까워서 1백 보 정도밖에 되지 않는다고 보고했습니다.

수토사로 가는 것은 보통 힘든 일이 아니었습니다. 울릉도가 워낙 멀고 뱃길이 험해 풍랑을 만나 바다에 빠져 죽는 일도 흔했습니다. 그래서 울릉도 수토사가 떠나는 날 아침이면 가족들이 통곡을 하며 남편이나 아버지를 떠나보냈습니다.

당연히 지방관들은 위험한 울릉도 수토사로 가기를 무척 꺼렸습니다. 그 때문에 3년에 1번씩 하던 조사가 미뤄지기도 했습니다. 하지만 일본인들이 언제 다시 침략할지 모르기 때문에 수토사를 그만 보낼 수도 없었습니다.

위험을 무릅쓴 수토사들의 수고 덕분에 「울릉도내도」, 「울릉도외도」, 「울릉도도형」 등 여러 장의 울릉도 지도가 남아 있습니다.

 자세히 살펴보기

일본 옛 지도를 통해 본 울릉도와 독도

▲ 울릉도외도, 1882년 경, 134×97.5cm

일부 일본인들은 독도가 일본 땅이라고 주장합니다. 하지만 일본의 옛 지도를 보면 이 주장이 사실이 아니라는 것을 알 수 있습니다.

울릉도와 독도가 옛날부터 일본의 땅이었다면 일본 열도 전체를 그린 옛 지도에 울릉도와 독도가 빠져 있지 않았을 것입니다.

하지만 1849년 일본에서 에도 막부의 허가로 만들어진 「가에이신증대일본국군여지전도」에는 울릉도와 독도가 없습니다. 그 뒤에 만든 「교정대일본여지전도」도 마찬가지입니다.

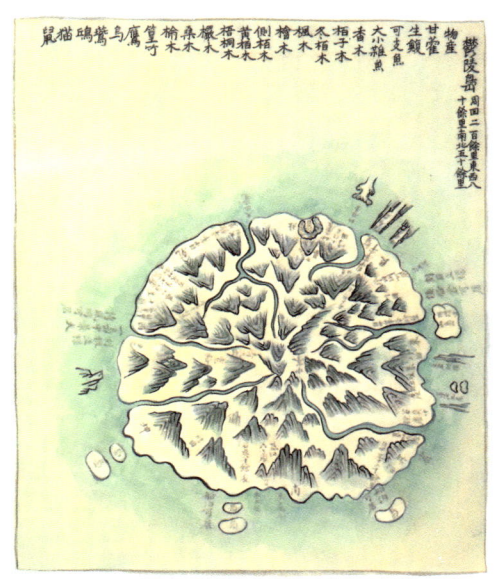
▲ 울릉도지도, 18세기 중기, 47.5×30cm

　1823년, 이노 다다타카라는 지도학자가 일본 땅을 직접 측량하여 만든 실측 지도에도, 1870년 메이지 정부가 만든 「관판실측일본지도」에도 독도는 들어 있지 않습니다.

　일본 땅 전체를 그린 지도에 독도가 없다는 것은, 독도가 일본 땅이 아니라는 좋은 증거입니다.

　그에 비해 우리나라에는 앞에서 말한 바와 같이 여러 장의 울릉도 지도가 남아 있습니다.

6

과학적인 백리척 지도
동국대지도

우리 땅에는 우리 작도법

조선 전기에 만들어진 「동국지도」는 전국의 거리를 직접 재어 만든 지도입니다. 하지만 지도와 실제 현장을 비교해 보면 정확하지 않은 경우도 있었습니다. 지도를 만든 사람들도, 이용하는 사람들도 도대체 무엇이 문제인지 알 수 없었습니다. 지도를 믿

고 길을 가다 낭패를 당하면 그저 당황하는 수밖에 없었습니다.

지리학자 정상기도 지도를 믿다가 당황한 적이 한두 번이 아니었습니다.

"지도에는 금방인데 도대체 왜 마을이 안 나오느냐?"

구불구불한 산길을 오르던 정상기가 고개를 갸웃거렸습니다.

지도를 보면 벌써 마을 입구에 도착해야 하는데, 몇 시간째 꼬부랑 산길과 씨름을 하고 있었습니다.

"길을 잘못 든 거 아닙니까?"

하인도 지쳐서 퉁퉁거렸습니다.

"어허, 지도를 보면 분명 맞다니까."

"그럼 지도가 엉터리인가 보지요. 에구, 다리야. 허리야."

하인이 허리를 두드리고, 발을 구르며 엄살을 떨었습니다. 정상기도 한숨을 쉬었습니다.

"쯧쯧쯧. 지도의 10리가 실제로 가면 수십 리가 되기도 하고, 지도로는 백 리가 실제로는 몇 십 리에 불과하기도 하니 지도를 믿고 여행을 하는 것이 어둠 속을 돌아다니는 것과 같구나. 내가 직접 정확한 지도를 만들든지 해야겠다."

"예. 제발 좋은 지도 좀 만들어 주십시오. 저도 힘들어서 못 다니겠습니다."

정상기는 정말로 지도를 만들기로 했습니다. 아들 정항령과 함께 그 동안 나온 지도를 모조리 구해 베끼는 것부터 시작했습니다. 다음에는 도로의 길이를 조사하고, 지도 제작에 필요한 자료를 차곡차곡 모았습니다.

그러던 어느 날, 마을로 들어가는 구불구불한 길에서 정상기가 손뼉을 탁 쳤습니다.

"이제 알았다. 드디어 알았다."

"무엇을 말씀입니까, 아버님?"

"지도에 표시된 거리가 틀린 이유를 알았단 말이다. 땅마다 거리 표시를 달리 해야 하는데 그리 하지 않았으니 틀릴 수밖에."

"아버님, 도대체 무슨 말씀을 하시는 겁니까?"

어리둥절한 아들에게 정상기는 줄자를 구해 오도록 했습니다. 그러고는 줄자의 한쪽을 자신이 잡은 뒤 아들에게 줄을 풀며 마을 입구까지 가라고 했습니다.

"지도에는 여기서부터 마을 입구까지 열 길이라고 표시되었다. 자로 직접 재어 보거라."

정항령은 마을 입구에 도착하여 줄자를 팽팽하게 당긴 뒤 거리를 확인했습니다. 아버지가 서 있는 곳과 마을 입구까지의 직선거리를 재기 위해서였습니다.

"아홉 길이군."

정항령은 자를 둘둘 말면서 다시 아버지에게 돌아갔습니다.

"여기서 마을까지 직선거리가 얼마나 되느냐?"

"아홉 길입니다. 아버님."

"지도에는 열 길이라고 적혔는데, 직접 재어 보니 아홉 길인 이유가 무엇이냐?"

정항령은 곰곰이 생각을 하다가 아버지가 그랬던 것처럼 손뼉을 짝 쳤습니다.

"아하! 길이 구불구불하니까 실제 도로의 길이보다 직선거리가 짧은 것이 아닙니까?"

"바로 맞췄다. 그 동안은 구불구불한 도로도 직선 도로와 똑같은 비율로 줄여 지도를 그렸으니 틀린 부분이 많을 수밖에. 너도 알다시피 우리 땅엔 산이 유난히 많고 길도 구불거리지 않느냐. 이것까지 생각하여 지도를 그려야 한다."

수년에 걸친 노력 끝에 정상기는 백리척이라는 과학적인 축척법을 개발했습니다. 그리고 이를 이용하여 조선 전국을 그린 「동국대지도」와 팔도를 따로따로 그려 묶은 『팔도분도첩』을 완성했습니다.

과학적인 백리척 지도

「동국대지도」를 그릴 때 정상기는 실제로 거리를 재지 않았습니다. 개인이 전국을 돌아다니며 직접 거리를 재는 것은 거의 불가능한 일입니다. 정상기는 이전의 지도와 자료에 표시된 거리 값을 보고, 산과 강 등, 주변의 자연 환경을 고려하여 거리를 바르게 고쳤습니다.

「동국대지도」 이전의 지도들은 실제 거리를 일정한 비율로 줄인 획정법이라는 축척법을 이용했습니다. 중국처럼 길이 반듯하고, 땅이 평지인 경우에는 획정법으로도 비교적 정확한 지도를 그릴 수 있습니다. 하지만 우리 땅은 직선거리로는 짧은 길도 꼬부랑길을 따라 멀리 둘러 가야 하는 경우가 많아서, 도로의 길이로는 두 지점 사이의 직선거리를 알 수 없었습니다.

백리척은 이러한 점을 고려했습니다. 실제 1백 리를 지도에서 1척으로 표시하는데, 평지와 반듯한 길 1백 리는 1척으로, 구불구불한 도로와 오르락내리락하는 산지는 1백 20리에서 1백 30리를 1척으로 그렸습니다. 그러면 실제 거리와 지도상의 거리가 비교적 맞아떨어집니다.

백리척 지도에는 꼭 백리척을 이용했다는 표시를 넣었습니다.

지도 한쪽에 막대기 모양을 그렸는데, 지도상에서 이 막대기의 길이가 실제로 1백 리 거리를 나타낸다는 뜻입니다.

「동국대지도」의 또 다른 특징은 압록강과 두만강의 물줄기를 놀랄 만큼 실제와 가깝게 그렸다는 것입니다. 사실 조선 전기의 지도인 「혼일강리역대국도지도」와 「조선팔도지도」 등에서는 압록강과 두만강을 거의 일직선으로 그리는 등 북방 지역이 제대로 그려지지 않았습니다. 하지만 「동국대지도」는 북방 지역의 지도를 획기적일 정도로 실제에 가깝게 그려냈습니다.

영조에게 인정받은 「동국대지도」

원래 조선에서는 개인이 지도를 만들거나 가지는 것을 금지했습니다. 하지만 조선 후기에 들어서면서 이러한 틀이 조금 무너져 개인이 만든 지도를 조정에서 보고 싶어 하기도 했습니다. 「동국대지도」를 가장 환영한 사람도 바로 영조였습니다.

영조가 다스리던 때에 조선은 무척 발전했습니다. 사람들의 생활이 편안해진 것은 물론, 외세의 침략도 없었습니다. 영조는 특히 각종 편찬 사업을 통해 문화를 더욱 발전시켰습니다. 조선의 지도를 다시 만드는 사업도 그 중 하나였습니다.

"비변사에서 「동국지도」를 한 폭 찾아오라."

어느 날 영조가 명을 내렸습니다. 비변사에는 조선 지도가 많이 있었습니다. 하지만 홍양한은 영조에게 더 좋은 지도를 보여 주고 싶었습니다.

"전하, 정항령의 집에 「동국대지도」라는 지도가 있는데, 비변사 지도보다 산과 강, 도로가 더 자세하게 기록되어 있습니다. 특히 백리척이라는 새로운 작도법을 써서 거리가 아주 딱딱 들어맞습니다."

"그래? 당장 그 지도를 가져 오너라."

영조는 「동국대지도」를 보고 매우 감탄을 했습니다.

"내 칠십 평생에 백리척 지도는 처음 보는구나. 도대체 누가 이 지도를 만들었느냐?"

"정항령과 그의 아비 정상기가 만들었습니다."

영조는 흐뭇한 웃음을 지으며 고개를 끄덕였습니다.

그로부터 며칠 뒤 영조가 홍양한을 다시 불렀습니다.

"「동국대지도」 말이다. 아무리 생각해도 머리를 참 잘 쓴 것 같다. 며칠 동안 그 지도 생각이 떠나질 않는구나."

"전하. 「동국대지도」를 보기 편하도록 팔도를 나누어 그린 『팔도분도첩』도 따로 있다고 합니다. 그것도 가져오라고 하면 어떨는지요?"

영조는 당장 『팔도분도첩』을 가져오라 일렀습니다. 그리고 두 지도를 앞에 놓고 미소를 지으며 고개를 끄덕였습니다.

"나라에서 만든 지도보다 더 정밀하구나. 뛰어난 화공을 불러 이 지도를 베껴 보관하도록 하라."

영조의 명에 따라 베낀「동국대지도」는 홍문관과 비변사에 각각 보관했습니다.

「동국대지도」의 원본은 현재 남아 있지 않습니다. 「동국대지도」를 베낀 것으로 짐작되는 지도만이 남아 있는데, 어떤 것은 백리척 막대기가 확실하게 보이고, 어떤 것은 백리척이 있어야 할 부분이 찢겨 나갔지만 백리척 지도로 여겨집니다.

「동국대지도」 이후 우리나라 지도들은 유행처럼 백리척을 사용했습니다. 김정호가「대동여지도」를 그릴 때 도로에 10리마다 눈금을 표시한 것도 백리척과 같은 맥락입니다.

 자세히 살펴보기

「동국지도」, 「동국대지도」, 「동국여지도」

우리 옛 지도에는 '동국'이라는 말이 들어간 지도가 많습니다. '동국'은 중국의 동쪽에 있는 나라라는 뜻으로 우리나라를 뜻하는 말입니다. 만든 시기나 지도의 내용은 달라도 '동국'이라는 이름이 붙은 지도가 많은 이유도 바로 이 때문입니다.

「동국지도」, 「동국대지도」, 「동국여지도」는 특히 이름이 비슷해서 헷갈리기 쉽습니다. 하지만 세 지도는 엄연히 다릅니다.

「동국지도」는 조선 세조 때 정척과 양성지가 만든 지도로, '기리고차'라는 기구로 거리를 직접 재어 만들었습니다. 기리고차는 말이 끄는 수레로, 10리를 움직이면 장치된 인형이 자동으로 북을 여러 번 치고, 5리를 움직이면 북을 한 번 치며, 1리를 움직이면 종을 울려 거리를 알려 주는 매우 정밀하고 과학적인 측정 기구입니다.

「동국대지도」는 정상기가 백리척을 이용하여 만든 지도로, 이후 만들어진 지도들에 많은 영향을 주었습니다.

　각 지방 고을 지도인 「열읍도」, 팔도를 그린 「팔도도」, 족자 형태로 된 「전국도」, 이 세 가지를 합쳐 「동국여지도」라고 부릅니다. 신경준은 「동국여지도」를 만들 때 나라에서 보관하고 있는 지도들을 모조리 찾아 검토해 보았습니다. 그리고 정상기의 「동국대지도」를 참고하여 「동국여지도」를 만들었습니다.

7

우리나라 지도의 최고봉
대동여지도

「대동여지도」와 김정호에 얽힌 오해

1898년, 일본군 몇몇이 서양에서 들여온 측량 장비와 최신 측량 기술을 가진 유능한 기술자를 수십 명이나 데리고 몰래 조선에 들어왔습니다. 이들은 각 고을을 다니며 기술자들을 도울 사람들을 모집하고, 조선 팔도 곳곳을 답사했습니다. 이 모든 일은 아주 비밀스럽게 진행되었습니다. 일본군은 조선 사람들 몰래 조선의 지도를 만들려는 중이었습니다.

일본군이 조선의 지도가 필요한 까닭은 조선에 철도를 놓기 위해서였습니다. 남의 나라에 철도를 놓으려는 까닭은 조선을 침략하려고 마음먹었기 때문입니다. 일본군은 서울에서 부산이나 인천 등 주요 항구까지 철도를 놓으면, 나중에 일본군이 쳐들어왔을 때 이동하기도 쉽고, 조선에서 생산된 주요 물자를 일본으로 빼내어 가기도 쉬울 거라고 생각했습니다.

 1년 동안 많은 인력과 엄청난 돈, 근대적인 기술을 투자한 뒤 드디어 지도가 만들어졌습니다. 실제 크기를 약 5만 분의 1로 줄여 그린 약 3백 장의 지도를 보고 일본군은 무척 흐뭇했습니다. 조선 사람들은 이런 지도를 만들 수 없다고 생각한 일본군들은 조선을 마음껏 무시하며 제 흥에 취했습니다.

 그런데 얼마 뒤 일본 육군의 육지측량부가 조선 지도를 하나 발견했습니다. 지도 제작 경험이 풍부한 육지측량부의 군인들조차 깜짝 놀랄 만큼 정확하고, 과학적이고, 게다가 보기에 아름답기까지 한 지도였습니다.

"대동여지도? 아니, 조선에 이런 지도가 있었단 말이야?"

"그러게 말입니다. 최신 기술과 수백 명의 인원을 동원해 만든 저희 지도와 비교해도 손색이 없습니다."

"흠, 인정하고 싶진 않지만 정말 그렇군. 도대체 이 지도는 언제 만들어진 것인가?"

"약 50년 전쯤 만들어진 것 같습니다. 게다가 더 놀라운 것은 이 지도를 김정호라는 사람이 혼자 만들었답니다."

"흠! 조센징 중에 이런 인재가 있었다니."

일본 군인들은 기분이 썩 좋지 않았지만 지도는 잘 보관하기로 했습니다. 훌륭한 지도는 쓸 데가 많았습니다.

하지만 일본은 조선이 뛰어난 지도를 만들 수 있는 능력이 있다는 점은 깎아 내리고 싶었습니다. 그래서 「대동여지도」와 김정호에 대한 어처구니없는 이야기를 만들어 일제 치하의 초등학교 국어 교과서 격인 『조선어독본』에 실었습니다.

지금으로부터 약 1백 년 전. 김정호는 친한 친구에게 자기가 사는 지방 지도를 얻었다. 김정호는 지도를 들고 동네, 산, 강을 돌아다니며 지도와 땅 모양을 맞추어 보았다. 그런데 아주 엉뚱하게 그려진 것이 아닌가!

"엉터리 지도는 없는 것만 못하다!"

김정호는 제대로 된 지도를 직접 만들기로 결심했다.

김정호는 조선 팔도를 세 번이나 돌고, 백두산을 여덟 번 오르내리는 등 갖은 고생을 다 해가며 「대동여지도」를 완성했다. 그 뒤에는 딸과 함께 목판에 지도를 새기는 작업을 하느라 10여 년의 세월을 보냈다.

김정호는 천신만고 끝에 완성한 지도를 흥선 대원군한테 바쳤다. 마침 병인양요가 일어나서 정확한 지도가 꼭 필요할 것이라는 생각에서였다. 하지만 흥선 대원군은 지도를 보고 노발대발했다.

"이런 것을 함부로 만들다니, 적에게 나라의 비밀이 누설되면 어쩌려는 것이냐?"

흥선 대원군은 김정호와 딸을 옥에 가두고 「대동여지도」의 목판을 모두 압수했다. 얼마 뒤 김정호는 옥살이를 견디다 못해 죽고 말았고, 평생에 걸친 김정호의 작업 역시 영영 사라졌다.

「대동여지도」의 진실을 밝히다

『조선어독본』에 실린 이 이야기는 최근까지 전해져 왔습니다. 1997년까지만 해도 초등학교 교과서에 '흥선 대원군이 「대동여지도」의 목판을 몰수해 불태우고 말았다.'라는 내용이 실려 있었습니다. 하지만 이 이야기는 사실이 아닙니다.

첫째, 「대동여지도」 이전에도 우리나라 지도는 엉터리가 아니었습니다. 지도 제작에 필요한 측량 기술, 정확한 위도와 경도 측정을 위한 천문학, 측량 장비에 이르기까지 우리나라의 지도 제작 수준은 꽤 높았습니다.

둘째, 「대동여지도」는 직접 답사를 해서 만든 지도가 아닙니다. 김정호는 조선 팔도를 세 번이나 돌지도 않았고, 백두산을 여덟 번씩 오르지도 않았습니다. 그는 이전에 만들어진 지도들을 종합하여 「대동여지도」를 만들었습니다. 한 사람이 답사를 하여 정확한 전국 지도를 만드는 것은 거의 불가능한 일입니다.

셋째, 흥선 대원군은 자세한 지도를 만들었다는 죄목으로 김정호를 옥에 가두지도 않았고, 「대동여지도」의 목판본을 태우지도 않았습니다. 만약 그런 일이 있었다면 『조선왕조실록』, 『승정원일기』 등 당시의 기록에 남아 있을 것입니다. 하지만 그런 기록은 어디에서도 찾을 수 없습니다. 또한 「대동여지도」의 목판본은 아직까지 10장 이상 남아 있으니 흥선 대원군이 목판을 태우지 않은 것도 분명합니다.

다른 증거로 「대동여지도」의 탄생을 도운 숨은 친구들을 들 수

있습니다. 김정호의 오랜 친구 최한기, 김정호에게 지도 제작을 맡긴 적이 있는 신헌 장군, 궁궐을 지키는 무관 최성환이 그들입니다. 이들은 김정호가 필요할 때마다 규장각이나 비변사에 있는 지도와 지리서 등 중요한 자료들을 빌려다 주었습니다. 김정호가 나라에서 반대하는 일을 했다면 관리들이 발 벗고 도와 줄 수가 없었을 것입니다.

그런데 일본은 왜 이런 거짓을 퍼뜨렸을까요? 그 이유는 일본이 조선에 식민사관을 심기 위해서였습니다.

'조선은 「대동여지도」의 훌륭함을 알아볼 눈도 없었다. 「대동여지도」 이전의 조선의 지도는 엉망이었다. 조선은 얼마나 형편없는 나라인가!'

일본은 조선 사람들에게 이러한 생각을 심어 '일본은 훌륭하고 조선은 부끄러울 정도로 형편없으니 조선이 일본의 식민지가 되는 것은 당연하다'고 여기기를 바랐던 것입니다.

다행히 「대동여지도」에 얽힌 오해는 풀렸습니다. 이우형이라는 지도 연구가와 「대동여지도」의 우연한 만남이 그 열쇠가 되었습니다.

이우형은 1970년대에 「대동여지도」를 처음 보았는데 그만 첫눈에 반하고 말았습니다.

"그 옛날에 이렇게 정교하고 멋진 지도를 만들었다고?"

이우형은 「대동여지도」를 꼼꼼히 연구하기 시작했습니다. 그러다 한 가지 아쉬움이 들었습니다. 김정호가 「대동여지도」 이전에 만든 「동여도」에는 지명이 무려 1만 9천 여 개나 쓰여 있는

데, 「대동여지도」에는 그보다 적게 새겨져 있었던 것입니다.

"목판에 작은 글씨를 많이 새기기가 어려워 어쩔 수 없이 뺀 것이 분명해. 옛 지명이 다 적혀 있다면 더 좋았을 텐데."

이우형은 아쉬운 듯 몇 번이나 중얼거렸습니다. 그러다 문득 이런 생각이 들었습니다.

"내가 하면 되지. 지금 기술로 「대동여지도」를 완벽하게 보완하는 거야."

망설일 틈이 없었습니다. 이우형은 당장 도서관, 고서점, 박물관을 찾아다니며 옛 지명을 찾고, 일일이 확인하여 「대동여지도」에 옮겼습니다. 옛날 자료는 알아보기도 까다롭고 종류도 많지 않아서 보통 힘든 일이 아니었지만, 직접 지도를 베끼는 지루한 작업도 마다하지 않았습니다. 이렇게 힘든 과정을 거쳐 1990년, 드디어 「대동여지도」가 재탄생했습니다.

이우형이 새로 만든 지도를 본 사람들은 누구나 감탄을 금치 못했습니다.

"굉장해요!"

"고산자(古山子, 김정호의 호) 김정호가 살아온 것 같아요. 선생님을 신산자(新山子)라고 부르고 싶습니다."

하지만 이우형에게는 아직 할 일이 남아 있었습니다. 「대동여지도」에 관한 자료들을 찾다가 일본이 「대동여지도」와 김정호에 관한 이야기를 꾸며 냈다는 사실을 알게 된 것입니다.

이우형은 왜곡된 「대동여지도」의 이야기를 바로잡기 위해 백방으로 뛰어다녔습니다. 불탔다는 목판을 찾아내고, 관련된 사람들에게 편지를 보내고, 직접 찾아가 증거를 보여 주었습니다. 그 결과 1997년, 초등학교 교과서에서 실린 김정호 이야기가 수정되었고, 우리는 김정호와 「대동여지도」에 관한 진실을 바로 알게 되었습니다.

우리나라 지도의 최고봉 「대동여지도」

「대동여지도」를 실제로 본 사람은 많지 않습니다. 워낙 큰 지도라 전시하기가 쉽지 않기 때문입니다. 「대동여지도」를 모두 펼쳐 이은 높이는 약 7미터로, 웬만한 건물 3층에 걸친 높이입니다.

이렇게 거대한 지도를 새기려면 목판이 몇 개나 필요할까요? 가로 약 40센티미터, 세로 약 30센티미터의 목판 약 60여 개가 쓰인 것으로 짐작됩니다. 하지만 목판의 앞뒷면을 모두 조각했

으므로 실제로는 그 두 배수라고 보아야 합니다.

　칼로 나무를 파는 것보다 종이에 붓으로 그리는 것이 훨씬 쉬웠을 텐데, 김정호는 왜 지도를 나무판에 새겼을까요? 목판화로 찍어내면 여러 장을 인쇄할 수 있고, 베껴 그리다 실수를 하는 것도 막을 수 있기 때문입니다.

　이렇게 거대한 지도를 단 한 장의 종이에 찍을 수 없다는 것쯤은 짐작할 수 있겠지요? 이럴 때 필요한 것이 병풍처럼 펼쳐지는 책이랍니다. 지도의 각 부분을 가로 4미터, 세로 30센티미터의 종이에 인쇄한 뒤, 가로 20센티미터 크기로 병풍처럼 접습니다. 다 접으면 책 한 권 정도의 크기가 되는데 이렇게 접은 책이 모두 22권입니다. 이 22권의 책을 펼쳐서 이으면 조선 전체 국토가 나타나고, 접으면 들고 다니기에 적당한 크기의 지도책 22권이 된답니다.

　「대동여지도」를 들여다보면, 제1책에는 모눈종이처럼 네모난 눈금을 그려 축척을 표시했습니다. 오늘날의 학자들은 이것을 방안표라고 합니다. 그 다음으로 지도에 사용된 기호를 정리한 지도표가 있습니다. 「대동여지도」에는 관아나 성, 역과 같은 지형 상의 특징을 기호로 표현하여 알아보기 쉽게 했는데 이러한 기호를 표로 정리한 것입니다.

 또 길은 직선에 가깝게, 강은 곡선으로 표현하여 길과 강을 쉽게 구별하도록 했습니다. 손으로 그린 지도들은 푸른색을 칠하여 강을 구별했지만 「대동여지도」는 먹으로 인쇄를 한 목판 지도이기 때문에 다른 구별 방법을 사용한 것입니다. 하지만 인쇄한 뒤에는 강, 산, 길 등을 쉽게 알아볼 수 있도록 색을 칠하기도 했습니다. 아울러 길에는 10리마다 점을 찍어 거리를 쉽게 계산할 수 있습니다.

 「대동여지도」는 1861년 처음 완성되었습니다. 그러나 잘못된 점이 발견될 때마다 수정을 거듭하며 지도를 다시 찍어 냈습니다. 수정 작업은 무려 3년 동안이나 계속되었습니다. 아주 사소한 부분까지 정확하게 나타내려는 김정호의 피나는 노력으로 소중한 우리 문화유산인 「대동여지도」가 탄생한 것입니다.

 자세히 살펴보기

김정호가 만든 지도

　김정호는 「대동여지도」를 만들기 전에 이미 『청구도』, 「동여도」 등의 지도를 만들었습니다.

　『청구도』는 김정호가 1834년에 완성한 지도책입니다. 「대동여지도」와 같은 축척으로 만들어진 『청구도』는 김정호가 처음으로 만든 전국 지도이며, 당시로서는 가장 정밀한 지도였습니다. 전국을 가로 22판, 세로 29층으로 나누어 건과 곤이라는 두 권의 책에 실었습니다.

　「동여도」는 「대동여지도」와 같이 22권의 책으로 만들어졌고, 10리마다 점을 찍는 방식도 똑같습니다. 손으로 그린 지도라는 점과 더 많은 지리 정보를 담고 있다는 점이 「대동여지도」와 다를 뿐입니다. 「동여도」는 우리나라 옛 지도 가운데 지명을 가장 많이 담고 있는 지도랍니다. 「동여도」는 「대동여지도」를 만들기 불과 몇 년 전에 만들어진 지도로 내용이 「대동여지도」와 매우 비슷합니다.

지도의 친구 지리지

지리지는 지역에 관한 정보를 기록하는 책입니다. 어디에 무슨 산이 있고, 무슨 강이 있고, 인구는 얼마나 되고, 특산물은 무엇이고, 어떤 군사 시설이 있는지, 언제 어떤 마을들이 생겼는지 등 대상 지역에 관한 것이라면 무엇이든 적는 책입니다.

그런데 김정호의 『청구도』는 지도 안에 지리지의 정보까지 함께 기록하여 청구도의 여백에는 글자가 빽빽하게 적혀 있습니다.

하지만 「동여도」와 「대동여지도」에는 지리지의 정보를 따로 적지 않았습니다. 김정호가 지도와 지리지를 구분하기 시작했기 때문입니다. 지도와 지리지를 구분하니 지도는 더욱 보기 쉬워지고, 지리지에는 지역 정보를 더 풍부하게 넣을 수 있었습니다.

김정호는 지도를 만드는 일만큼 지리지 만들기에 노력을 기울였습니다. 그래서 『동여도지』, 『여도비지』, 『대동지지』 등 방대한 분량의 지리지를 남겼습니다.

「대동여지도」 제작 과정

❶ 원본 지도를 만듭니다.

❷ 목판을 새길 나무를 가공합니다.

❸ 목판에 원본 지도를 붙입니다.

❹ 목판에 나무 지도 모양을 새깁니다.

❺ 목판에 먹을 바른 다음 종이를 눌러 지도를 인쇄합니다.

❻ 인쇄한 「대동여지도」를 책으로 만듭니다.

김정호는 어떤 사람이었을까?

「대동여지도」라는 멋진 지도를 남긴 김정호지만, 안타깝게도 김정호에 대한 자세한 이야기는 전해져 오지 않습니다. 하지만 김정호가 남긴 지도와 몇 가지 기록에 따라 그가 조선 후기의 실학자 겸 지리학자라는 것을 알 수 있습니다.

실학자 최한기와 친하게 지냈었다는 사실, 그리고 「대동여지도」의 간행연도가 1800년대 중반인 것으로 보아 순조, 혹은 헌종이나 철종 대에 걸쳐 살았던 것으로 추측합니다.

태어난 곳은 황해도로 짐작되며, 가난한 생활 속에서 지도 제작과 지리지 편찬에 정성을 다했다고 합니다.

불과 1백여 년 전의 사람인데도 김정호에 대한 기록이 이렇게 부족한 이유는, 당시 실학에 대한 인식이 썩 좋지 않았고, 지도 제작에 대한 사회적 인식이 미약했던 데 그 원인이 있는 것으로 추측됩니다.

8

백두대간 지도
산경표

우리 고유의 산줄기 백두대간

예로부터 우리나라 사람들은 땅을 사람의 몸처럼 생각했습니다. 산줄기는 뼈이고 강줄기는 핏줄이라고 여겼습니다. 뼈와 핏줄이 어우러져 생명을 이루는 것처럼 산줄기와 강줄기가 어우러져 땅을 이룬다고 생각했습니다. 그래서 지도를 그릴 때도 사람의 뼈를 그리듯이 산줄기가 끊어지지 않게, 강줄기는 산줄기 사이사이에 펼쳐지게 그렸습니다.

사람의 몸에서 척추가 가장 중심이 되는 뼈인 것처럼 우리 땅에서도 중심을 이루는 뼈가 있습니다. 백두산에서 시작하여 금강산, 설악산, 태백산, 덕유산, 지리산에 이르는 백두대간입니다. 백두대간에서 시작되는 14개의 큰 산줄기와 작은 산줄기는 우리 땅 곳곳으로 퍼져 나갑니다. 산줄기들에서 흘러내리는 물줄기는 지역을 나누는 경계가 되고, 한반도 모든 생명체를 기르는 젖줄이 됩니다.

실제로 「혼일강리역대국도지도」부터 「대동여지도」에 이르기까지 우리 옛 지도를 보면, 백두대간을 우리 몸의 척추처럼 끊어지거나 막힌 곳 없이 힘차게 이어 그린 것을 알 수 있습니다.

백두대간은 우리 옛 책에 자주 등장합니다. 『고려사절요』에는

우리나라의 지리를 '백두산에서 지리산까지'라고 표현했습니다. 이익은 『성호사설』에서 '한줄기 곧은 대간이 백두산에서 시작하여 태백산을 지나 지리산에서 끝났다.'고 했습니다.

조선 영조 때 실학자인 신경준은 백두대간을 정리하여 『산경표』라는 책을 엮었습니다. 『산경표』는 우리나라의 산줄기, 산의 갈래, 산의 위치를 족보처럼 보기 쉽게 표로 정리한 백두대간 지도라고 할 수 있습니다.

그런데 우리는 1980년대까지만 해도 백두대간이라는 단어조차 모른 채 태백산맥, 소백산맥 등 산맥 이름만 공부했습니다. 도대체 우리는 언제 백두대간이라는 말을 잊어버린 것일까요?

일본이 만든 이름 태백산맥

어떤 사람들은 우리나라 땅 모양을 두고 호랑이를 닮았다고 하고, 어떤 사람들은 토끼를 닮았다고 합니다. 그런데 토끼를 닮았다는 말은 1900년대 초, 일본 사람이 퍼트린 것입니다.

조선 땅이 토끼 모양이라고 한 사람은 일본인 지질학자 고토 분지로입니다. 고토 분지로는 1900년에 조선의 땅을 연구하기 위해 한반도를 찾아왔습니다.

"드디어 조선 땅의 지질을 연구할 수 있게 되었어. 어서 구석구석 둘러봐야겠군."

고토 분지로는 당장 연구 장비를 챙겨 떠났습니다. 그리고 산꼭대기며 오지 마을까지 구석구석 돌아다니며 조선의 광물 자원을 샅샅이 파악했습니다. 일본은 조선의 광물을 수탈하여 경제를 발전시키려는 욕심을 키우고 있었습니다.

고토 분지로는 3년 동안 우리나라에 두 번 왔고, 14개월 동안 전국을 꼼꼼히 훑고 다녔습니다. 그 뒤 일본으로 돌아가 우리나라 산줄기 체계를 정리한 논문을 발표했습니다. 이 논문에서 고토 분지로는 '조선 땅은 나약한 토끼의 모습을 하고 있다.'라고 주장했습니다. 조선을 깎아내리기 위해서였습니다.

고토 분지로는 우리 산줄기를 그 동안 우리 민족이 써왔던 백두대간이라는 산줄기 개념이 아닌, 함경산맥, 태백산맥, 소백산맥 등 '산맥'이라는 말로 나누었습니다. 땅 위의 지형을 기준으로 한 우리 전통적인 지리학과는 달리, 습곡과 단층 등 땅 속의 지질 구조를 기준으로 연구하여 '산맥'이라는 근대적인 개념으로 우리나라의 지형을 설명한 것입니다. 결국 고토 분지로는 수천 년 동안 한반도에 산 사람들이 단 한 번도 들어 보지도 못한

말로 한반도의 지형을 표현한 것입니다.

하지만 고토 분지로의 산맥 이론은 우리나라의 땅 모양을 정확하게 보여 줄 수 없습니다. 우리나라의 땅 모양은 노년기에 접어들었기 때문에 높은 산과 강한 산줄기는 땅 속의 지질 구조와 들어맞지만, 산등성이나 구릉은 오랜 시간이 흐르는 동안 빗물에 씻겨 내려가 모양이 많이 변했기 때문입니다.

일본의 지리학자 야스 쇼헤이는 이런 사실을 전혀 몰랐습니다. 『한국 지리』라는 책을 쓰고 있던 야스 쇼헤이는 고토 분지로의 논문을 보고 아주 반가워했습니다.

"오호! 이렇게 좋은 논문이 있었단 말이야? 내 책에 몽땅 인용해야겠어."

야스 쇼헤이의 책은 일본에서 큰 인기를 끌었습니다.

고토 분지로의 논문은 몇 년 뒤 우리나라 지리 교과서에까지 실렸습니다. 1908년 우리나라 지리 교과서인 『고등소학 대한지지』가 나왔는데, 이 책은 야스 쇼헤이의 『한국 지리』와 거의 비슷했습니다. 당시 우리나라는 아직 일본의 식민지가 아니었지만 일본의 강한 영향 아래 놓여 있어서 교과서도 일본의 영향을 많이 받을 수밖에 없었습니다.

물론 우리나라의 지리 교과서가 『고등소학 대한지지』 하나는 아니었습니다. 『고등소학 대한지지』가 나오기 2년 전에 정인호가 『최신고등 대한지지』를 냈습니다. 『최신고등 대한지지』는 우리 전통 지리 사상에 토대를 둔 책으로 「대동여지도」에 나타난 전통적 지리 지식을 고스란히 배울 수 있는 교과서였습니다.

하지만 일본은 이 책을 읽지 못하도록 금지했습니다. 우리 전통 문화를 없애는 것이 그들의 목표였기 때문이었습니다. 몇몇 뜻 있는 사람들은 이러한 일본의 행동을 무척 염려했습니다.

"일본이 우리 전통을 말살하려고 합니다. 전통이 사라지면 우리 민족도 사라지고 맙니다."

"맞습니다. 당장 군사적, 외교적으로 일본을 막을 수는 없지만 우리 문화만은 지켜야 합니다."

우리 고전을 연구하던 기관인 조선광문회는 일본에 반대하는 활동의 하나로 우리 전통 문화를 살리기로 했습니다. 먼저 일본에 의해 만들어진 지리 사상을 없애고 『산경표』를 되살리기 위해 노력했습니다.

"『산경표』를 정리해서 다시 냅시다. 우리는 백두산에서 시작된 민족임을 잊으면 안 됩니다. 말도 안 되는 산맥 이론으로 이

땅의 산줄기를 찢어 놓는 것을 그냥 두고 볼 수는 없습니다."

조선광문회에서는 1913년 『산경표』를 다시 펴냈습니다. 일본에 의해 사라지고 있는 백두대간을 살리기 위해서였습니다.

그러나 이 책은 크게 주목 받지 못했습니다. 그 뒤 우리는 수십 년 동안 백두대간이라는 단어조차 모른 채 산맥 이름만 공부하며 지냈습니다.

『산경표』를 통해 백두대간이 되살아나다

1980년대 어느 날, 지도 연구가 이우형은 고서점을 뒤지다 1913년 조선광문회에서 펴낸 『산경표』를 찾아냈습니다. 마침 「대동여지도」의 산줄기 표시에 의문을 갖고 있던 이우형은 『산경표』가 무척 반가웠습니다.

그러던 『산경표』와 「대동여지도」를 비교하던 이우형은 이상한 점을 발견했습니다. 둘 다 분명 우리 땅을 표현한 것인데 서로 일치하지 않는 것이었습니다. 이우형은 『산경표』와 「대동여지도」를 놓고 고민에 빠졌습니다.

그리고 이우형은 새로운 사실을 깨달았습니다. 전통적인 우리 산은 근처에 사는 사람들의 생활권까지 포함한 넓은 개념이었습

니다. 우리 조상들은 높은 봉우리만 산으로 보지 않고, 앞자락에 넓게 퍼진 들까지 산으로 생각한 것입니다.

이우형은 옛 사람의 눈으로 「대동여지도」를 다시 살폈습니다. 그러자 『산경표』와 「대동여지도」는 딱 맞아떨어졌습니다. 이우형은 『산경표』를 세상에 발표하여 그 동안 잊고 있던 백두대간을 되살렸습니다.

『산경표』를 가장 환영한 사람들은 산악인들이었습니다. 산악인들은 『산경표』를 따라 백두대간을 올라 보기로 했습니다.

한 무리의 산악인들이 지리산 아래에 모였습니다. 이들은 『산경표』를 바탕으로 그린 지도인 「산경도」를 꺼내 지리산부터 진부령까지 죽 줄을 그었습니다.

"지금부터 백두대간 종주를 시작합시다. 지리산에서 진부령까지는 이번에 거슬러 올라가고, 백두산까지 가는 나머지 길은 통일이 되면 꼭 올라갑시다."

모두들 무거운 배낭을 졌지만 한껏 밝은 얼굴로 산에 오르기 시작했습니다.

산행은 결코 쉽지 않았습니다. 그동안 아무도 다니지 않은 길이 많았기 때문에 험하기 이를 데 없었습니다. 아예 길이 없는 곳도 많았습니다. 산악인들은 계곡으로 빠지고, 산등성이를 잘못 들고, 비를 맞아 미끄러지고, 길이 아닌 곳을 헤치느라 상처를 입기도 했습니다. 무척 힘들고 고됐지만 산악인들은 우리나라의 등뼈인 백두대간을 확인하겠다는 굳은 의지로 험한 길을 헤치고 나갔습니다.

하루도 쉬지 않고 꼬박 40여 일이 넘게 오르내린 끝에 드디어 진부령에 도착했습니다.

"드디어 백두대간 종주가 끝났습니다. 산맥도를 따라 산행을 할 때는 하천으로 막혀 더 나아가지 못하는 경우도 많았지만, 「산경도」를 따라와 보니 선조들 생각대로 백두대간이 쭉 이어져 있다는 것을 알 수 있었습니다. 통일이 되면 백두대간을 따라 백두산까지 한 걸음에 달려갑시다."

북쪽을 바라보는 산악인들의 눈에서 눈물이 주르르 흘렀습니다. 오랫동안 잊혀졌던 백두대간을 다시 살린 기쁨의 눈물, 백두산까지 갈 수 없는 아쉬움의 눈물이었습니다.

 자세히 살펴보기

『산경표』에서 정리한 백두대간

한반도의 등뼈를 이루는 줄기인 백두대간은 백두산, 두류산, 금강산, 설악산, 오대산, 태백산, 속리산, 덕유산, 지리산으로 이어져 있으며 1천 5백 킬로미터입니다.

『산경표』에 묘사된 백두대간은 강으로 인해 끊어지는 부분이 없습니다. 물줄기도 고려해 만든 개념이기 때문입니다.

물은 높은 산줄기에서 흘러내려와 강이 되고 산줄기는 강의 경계가 됩니다. 『산경표』에서는 강을 끼고 있는 산줄기를 정맥, 강과 상관없이 솟은 산줄기를 정간으로 구분했습니다. 정간과 정맥을 사이에 둔 사람들의 언어, 문화, 음식 맛 등 생활 모습은 많이 다릅니다.

새로운 산맥 지도

2005년 초 국토지리정보원에서는 첨단 과학 기술을 이용해 우리나라 산맥을 다시 재어 새로운 산맥 지도를 발표했는데, 백두대간의 존재가 확인되었고, 현재 교과서에 실린 태백산맥 등 14개의 산맥은 잘못된 것으로 드러났습니다. 또 낭림산맥, 강남산맥, 적유령산맥, 묘향산맥, 차령산맥, 노령산맥 등은 실제로는 없거나 잘못 그려진 것이 증명되었습니다.

새로운 산맥 지도 덕분에 우리는 곧 진짜 우리 산줄기를 교과서에서 볼 수 있게 되었습니다.

9

흥선 대원군이 만든
459장의 지방 지도

쇄국 정책이 만든 지방 지도

지도는 새로운 곳을 탐험하는 사람들에게 탐구심을 키워 주는 보물입니다. 하지만 어떤 사람은 세상으로 향한 문을 꼭꼭 닫기 위해 지도를 만들기도 했습니다. 459장의 지방 지도를 만든 홍선 대원군이 바로 그런 사람입니다.

흥선 대원군은 조선의 마지막 임금 고종의 아버지입니다. 고종이 12살의 어린 나이에 왕위에 오르자 흥선 대원군은 어린 왕을 대신하여 나라를 다스렸습니다. 당시는 서양의 여러 나라들이 중국, 일본 등 아시아의 나라와 교류를 하고 있을 때였습니다. 조선에도 미국, 프랑스 등의 배가 찾아와 교역을 요구했지만 흥선 대원군은 서양 나라들에게 문을 열지 않았습니다.

서양 세력에게 짓밟히는 중국을 보며, 서양이 겉으로는 교역을 원하는 척하지만 속으로는 발전된 과학 기술과 무기, 군함 등을 앞세워 조선을 침략할 것이라고 생각했습니다.

1866년, 흥선 대원군의 생각을 더욱 굳히는 일이 생겼습니다.

어느 봄날, 독일 상인 오페르트가 조선을 찾아왔습니다. 오페르트는 중국 상하이에서 장사를 하다가 조선과 무역을 하면 큰돈을 벌 수 있을 것 같아 찾아온 것입니다. 오페르트는 먼저 충청도를 찾아갔지만 무역 허가를 받지 못하고 돌아갔습니다.

몇 달 뒤 오페르트는 강화 교동도의 관리를 찾아갔습니다.

"조선과 무역을 하고 싶습니다. 무역을 하면 조선도 큰돈을 벌 수 있을 것입니다. 그러니 국왕을 알현하게 해 주십시오."

"우리는 무역 같은 거 필요 없습니다."

강화도의 관리는 오페르트의 청을 거절했습니다. 당시 조선은 흥선 대원군의 지시에 따라 서양과 교류를 하지 않는 쇄국 정책을 펼치고 있었기 때문입니다.

오페르트는 조선에 대한 욕심을 버릴 수 없었습니다. 2년 뒤 커다란 배에 무려 1백 30여 명이나 되는 사람들을 이끌고 다시 조선을 찾아왔습니다. 이번에는 조선의 지리를 잘 아는 프랑스인 선교사를 앞세웠습니다.

오페르트는 배를 충청도 바닷가에 대고 덕산 관아에 쳐들어가 불을 지르는 등 난리를 피웠습니다. 그것도 모자라 흥선 대원군의 아버지 남연군의 묘로 우르르 몰려갔습니다. 조선 사람들이 조상을 귀하게 모신다는 소문을 들었던 것입니다.

"여기가 국왕의 할아버지의 묘란 말이지? 어서 파 보아라. 귀중한 보물이 많이 나올 것이다."

오페르트를 따라온 사람들은 곡괭이를 들어 힘차게 무덤을 찍더니 갑자기 뒤로 나뒹굴었습니다. 무덤이 바위처럼 단단해서 곡괭이가 튕겨 나왔기 때문입니다.

"아이고, 이게 왜 안 들어가는 거야?"

사람들은 무덤을 다시 파 보려 했지만 도무지 곡괭이가 제대로 들어가지 않았습니다.

그러는 동안 남연군의 묘를 파헤친다는 소문을 들은 동네 사람들이 우르르 몰려 와 오페르트 일행을 내쫓았습니다. 왕의 할아버지의 무덤을 파헤치는 것은 당시 조선 사람들이 상상할 수도 없을 만큼 끔찍한 일이었습니다.

"에잇, 그냥 돌아가자!"

　결국 오페르트 일행은 아무런 이익도 얻지 못한 채 상하이로 돌아갔습니다.
　남연군의 묘가 파헤쳐졌다는 사실을 알게 된 흥선 대원군은 노발대발했습니다.

"감히 국왕 할아버지의 묘를 파다니, 이런 천벌을 받을 놈들! 내 서양 오랑캐를 절대 용서하지 않겠다. 국방을 더욱 튼튼히 하라. 서양 오랑캐에게는 절대 나라의 문을 열지 않겠다."

흥선 대원군은 쇄국 정책을 더욱 굳건히 하기로 마음먹고, '서양 오랑캐가 침범을 하는데 전쟁을 하지 않고 화친을 주장하는 것은 나라를 말아먹는 것이다.'라는 글을 적은 척화비를 전국에 세웠습니다. 그리고 전국의 각 지방 지도를 그려서 올려 보내라고 명령했습니다. 국방을 튼튼히 정비하려면 각 지역, 특히 해안의 군사 시설에 대한 정보가 많이 필요했기 때문입니다.

"지도는 정확하고 세심하게 그리도록 하라. 척화비도 반드시 함께 그려라. 군사 시설, 특히 바닷가 군사 시설은 하나도 빠짐없이 그려 올리도록 하라."

흥선 대원군은 1872년 3월부터 6월까지 모두 459장의 지방 지도를 서울로 올려 보내라 명령했습니다. 짧은 시간에 많은 지도를 만들게 한 까닭은 당시 조선의 상황이 무척 위험하다고 생각했기 때문입니다.

459장의 지도 가운데 139장이 군사 지도

흥선 대원군의 명으로 그려진 459장의 지도는 각 지방을 자세하게 묘사하고 있습니다. 현재 규장각에 모두 보관되어 있는 이 지도들을 통해 우리는 19세기 후반의 조선에 대해 다양한 정보를 얻을 수 있습니다.

그런데 이 지도들 가운데 139장이 군사 지도입니다. 특히 바다 수군에 대한 내용이 많은데, 서양 나라들이 배를 타고 바다로 들어오기 때문이었습니다.

군사적으로 무척 중요한 곳인 영종도의 지도에는 바다 속 암초까지 세세하

▲ 대부도 지도, 1872년, 38.5 × 25.4cm

게 그려져 있습니다. 바다에서 싸울 때는 바다 속 암초 등을 이용할 수 있기 때문입니다.

대부도 지도에는 각 섬과 바닷길을 자세히 그린 것으로 모자라 서양 배가 지나간 자리까지 표시해 두었습니다. 서양 배의 침략을 얼마나 염려했는지 알 수 있습니다.

강화도 지도에는 해안가의 포대와 발사대의 숫자까지 적혀 있습니다. 강화도는 미국과 프랑스가 쳐들어왔을 때 승리한 곳이기도 하고, 서울과 가까워 군사적으로 중요한 곳이었습니다.

남해안 지도에는 바닷가에 세워진 배까지 자세히 그렸습니다. 지도만 보아도 당시 어떤 배가 얼마나 있었는지 알 수 있습니다. 해남, 순천, 진도의 지도에서는 거북선도 볼 수 있습니다. 거북선은 1894년까지 중요한 군함이었습니다.

생활 모습까지 담은 각 지방 지도

459장의 지방 지도는 그림 지도 형식으로 그려졌습니다. 때문에 당시 그림의 수준과 각 지방 화가들의 특색 등도 알 수 있습니다. 사람들의 생활 모습도 짐작할 수 있고, 예부터 전해져 오는 유물의 위치나 지금은 없어진 숲의 흔적도 볼 수 있습니다. 안면도가 섬이 된 사연도 태안 지도를 보며 짐작할 수 있습니다.

옛날에는 나라 살림을 백성들로부터 거둔 곡식, 즉 세곡으로 꾸렸습니다. 세곡을 가장 많이 거둘 수 있는 곳은 날씨가 따뜻하고 평야가 넓은 충청, 전라, 경상의 삼남 지방이었습니다. 삼남 지방에서 거둔 곡식은 세곡선에 실려 서해를 지나고 한강으로 들어가 서울까지 옮겨졌습니다.

그런데 태안 앞바다는 바다 속에 바위가 많아 세곡선이 자주 가라앉았습니다. 아까운 곡식과 배는 물론, 사람들까지도 순식

간에 바다 속으로 사라졌습니다. 그러면 세곡을 더 걷어야 했기에 백성들은 더 힘들어지고, 나라 살림도 쪼들리게 되었답니다.

어느 날, 한 관리가 왕 앞에 태안 지도를 가져와 굴포 근처에 줄을 하나 그었습니다.

"전하. 태안에 운하를 파는 게 어떻겠습니까. 굴포 근처의 천

수만과 가로림만 사이에 있는 땅을 파서 운하를 만들면 세곡선이 운하로 드나들 수 있어서 사고의 위험이 줄어듭니다."

임금과 신하들은 모두 고개를 끄덕였습니다.

이렇게 해서 태안에 운하 공사가 시작되었습니다. 운하 공사는 고려 인종 때인 1134년부터 조선 현종 때까지, 약 5백 년 동안 10여 차례나 시도되었습니다. 그러나 번번이 실패하고 말았습니다. 공사를 할 때마다 수천 명에서 수만 명에 이르는 군졸들이 땅을 팠습니다. 하지만 땅 속 바위가 하도 크고 단단해서 도저히 팔 수 없었습니다.

"아이고! 힘들어서 못 하겠네."

"곡괭이가 깨지지 어디 바위가 깨지겠나?"

일꾼들은 바위를 깨다가 힘들어서 나가떨어졌습니다.

조선 인조 때, 관리들은 뱃길을 다스리기 위한 다른 좋은 방법이 없을까 골똘히 생각했습니다. 한 관리가 당시에는 안면곶이었던 현재의 안면도 쪽 땅을 가리키며 말했습니다.

"굴포에 운하를 팔 수 없다면 방향을 바꾸어 봅시다. 저 땅의 가운데를 파서 사이에 바닷길을 만드는 게 어떻겠습니까?"

"저 끝 땅을 섬으로 만들자는 말씀입니까?"

"그렇습니다. 저 곶과 큰 육지 사이에 바닷길을 뚫으면 운하만은 못 해도 좀 나을 듯합니다."

이렇게 해서 만들어진 것이 지금의 안면도입니다.

태안 지도에는 굴포 운하의 흔적이 점선으로 표시되어 있습니다. 운하를 파던 사람들이 짚신의 흙을 터는 바람에 생겼다는 신털이봉이라는 야산도 잘 나타나 있습니다. 태안 사람이 직접 자기 고장의 지도를 만들었기 때문에 산의 유래와 운하의 흔적까지 자세히 나타낼 수 있었습니다.

그 밖의 지도들에서도 유물이나 유적을 찾을 수 있습니다. 충청도 연산현의 지도에는 고려 왕건이 1천 명의 사람을 공양하기 위해 만들었다는 큰 가마솥의 위치가 그려져 있습니다. 남원 지도에는 지리산에서 캔 약초가 모두 모이는 큰 시장이 나타나 있습니다. 지도에 시장이 그려진 것은 남원 지도가 최초입니다. 또 남원 지도에서 눈에 띄는 것은 큼지막하게 그려진 광한루와 오작교입니다. 『춘향전』을 소중하게 생각한 남원 사람들의 마음을 엿볼 수 있습니다.

흥선 대원군이 쇄국을 위해 만든 459장의 지도는 19세기 조선의 각 지방의 모습을 보여 주는 좋은 자료가 되고 있습니다.

 자세히 살펴보기

아름다운 그림 지도

우리 옛 지도는 두 종류로 나뉘어 발전했습니다. 한 갈래는 우리가 '지도' 하면 흔히 떠올리는 과학적인 지도, 다른 한 갈래는 지형을 산수화처럼 아름답게 그려낸 그림 지도입니다.

산과 강, 마을과 성곽, 길 등을 정확하게 재서 과학적인 축척 방법으로 줄여 그린 지도가 과학적인 지도입니다. 과학적인 지도는 지도의 원래 역할인 지리적인 정보를 제공하는 데 충실합니다. 「대동여지도」, 「청구도」 등이 과학적인 지도입니다. 땅의 크기를 실제보다 많이 줄여 그릴 수 있고 중요한 지형 정보만 표현하기 때문에 전국 지도나 세계 지도 등 넓은 지역을 나타낼 때 주로 만들었습니다.

그림 지도는 그리고자 하는 지역의 전체 모습을 산수화로 표현했습니다. 그림 지도는 과학적인 지도보다 입체적이기에 전체 지형을 한눈에 파악할 수 있고, 화가의 생각에 따라 각 지역의 특징을 강조할 수 있다는 장점이 있습니다. 하지만 넓은 지역을 그리는 데는 적합하지 않아 세계 지도나 전국 지도보다는 도시, 궁궐, 마을, 산 등 좁은 지역 지도로 만들어졌습니다.

　흥선 대원군이 만든 459장의 지도는 모두 그림 지도입니다. 조선 후기에 그림 지도가 유행했고, 지방 지도의 특성상 그림 지도로 그리는 것이 넓은 지역을 한눈에 파악하기 쉽기 때문입니다.